金融会计创新及相关问题研究

袁树民 等　编著

上海财经大学出版社

图书在版编目(CIP)数据

金融会计创新及相关问题研究/袁树民等编著．—上海：上海财经大学出版社，2016.3

ISBN 978-7-5642-1601-6/F・1601

Ⅰ.①金…　Ⅱ.①袁…　Ⅲ.①金融业-会计-研究
Ⅳ.①F830.42

中国版本图书馆 CIP 数据核字(2013)第 060625 号

□ 责任编辑　顾晨溪
□ 封面设计　杨雪婷

JINRONG KUAIJI CHUANGXIN JI XIANGGUAN WENTI YANJIU

金融会计创新及相关问题研究

袁树民 等　编著

上海财经大学出版社出版发行
(上海市武东路 321 号乙　邮编 200434)
网　　址：http://www.sufep.com
电子邮箱：webmaster @ sufep.com
全国新华书店经销
上海叶大印务发展有限公司印刷装订
2016 年 3 月第 1 版　2016 年 3 月第 1 次印刷

787mm×1000mm　1/16　11.25 印张　220 千字
定价：39.00 元

前 言

上海金融学院是一所以经济、管理学科为主，兼顾工、法、文、理的高等院校，会计学科是其重要组成部分。深刻认识学校“应用型、复合型、创新性、国际化”的人才培养目标和内涵，必须成为金融会计特色专业建设的认识基础，必将成为金融会计特色专业系列教材建设的特色与风格，同时金融会计特色专业的建设要凸显行业需求、错位竞争、特色创建和开放合作。

上海金融学院会计学科在与其他院校会计学科错位竞争的发展过程中，在人才培养定位、特色专业设置、课程体系建设和师资队伍成长方面都逐步形成了自己的价值体系，逐步确立了自己的学科特色，围绕上海金融学院“应用型、复合型、创新性、国际化”的人才培养目标，金融会计特色专业的建设在一定程度上决定着学校会计学科特色的未来。

“三型一化”的科学内涵，是上海金融学院会计学科人才培养特色体现的基本内容，也是金融会计系列教材建设成败的主要衡量标准。

1. 作为高校分类发展中教学型类别的专业，应用型体现着这类高校的基础价值，也是人类社会生产力发展和市场经济发展的现实呼唤，如何让学生和读者感悟到所学会计知识对岗位实践的引领和指导，感悟到运用会计理论观察、剖析社会经济发展现象的提升，感悟到运用会计理论解决社会上相关具体问题的方法、手段的技能积累，值得金融会计特色专业的建设者思考。

2. 复合型反映了社会发展对加快学科知识综合日益高涨的需求，也是对会计理论与会计实务融合与衔接的期待。如何让学生和读者感悟到金融会计理论相应知识的综合和融会，感悟到认识、剖析解决社会经济发展需求所必需的大会计知识的体系与辐射，感悟到以会计基础知识为主线，以金融会计特色专业的知识、技巧和技能为支撑内容的吻合与衔接，值得金融会计特色专业的建设者认真权衡。

3. 创新型意味着金融会计特色专业的建设者必须按高境界、高起点、高水平的标准，在传承和扬弃传统会计理论的基础上，着力解决金融会计实务中的需求及问题，力争在金融会计理论上有所创新，让学生和读者感悟到金融会计理论在人类认识、改造世界中可以实现自己的提高，感悟到金融会计在“理论—实践—理论”的规律循环中所带来的创新魅力，感悟到理论与实践融合和积累产生的会计理论、应用技巧、方法手段的进步，值得金融会计特色专业的建设者深思熟虑。

4. 国际化内涵需要在应用型、复合型、创新型综合体现的基础上进行系统审视，这对金融会计特色专业建设尤为关键，让学生和读者感悟到我国在会计准则的制定过程中，如何加快趋同的走向；感悟到金融会计特色专业建设中，双语教学方式所带来的会计知识价值的显性拉升；感悟到地处上海浦东，毗邻中国（上海）自由贸易区，在加快国际大都市建设步伐中会计国际化的气息与需求，都值得金融会计特色专业的建设者融会贯通。因此，上海金融学院的金融会计特色专业建设必须凸显“应用型、复合型、创新型、国际化”的交融和金融行业发展对会计的需求，以此体现特色专业建设的质量之本。

上海金融学院会计学院承担着教育部、财政部全国第六批特色专业建设点——金融会计特色专业建设的任务，责任重大。如何在深刻领悟学校“应用型、复合型、创新型、国际化”人才培养方向的基础上，规划一个在人才培养、课程体系、核心教材和师资队伍等方面都具有一定特色的专业目标，并逐步形成自己的价值体系，是完成这个任务的关键。只有矢志不渝，努力追求，才能较好地完成这项艰巨的工作。

本书的作者均为上海金融学院会计学院的教师，作为金融会计特色专业建设过程中的阶段性成果，凝聚了作者在建设过程中，对此专业的认识、领悟、重塑、构建，并碰撞出很多思想的火花，愿大家在建设的过程中，以更强烈的责任感，一步一个脚印地传承理论、扎实探索，为中国金融会计人才培养、为促进中国金融会计理论与实践的发展做出应有的贡献。

编　者

2016 年 3 月

目　录

金融会计特色专业的内涵和建设思路

——我校应用型会计人才培养的特色

袁树民

作为新升本科院校，在会计学院成立之初，我们把会计学科的目标定为：在加强会计本科教学力量的基础上，真正做到金融与会计相结合，培养具有银行、证券、保险等金融行业背景的复合型、应用型、创新型和国际化的会计专门人才。在与全国、全市各高校的会计学科共同发展中实行鲜明的"突出个性"和"适度错位"的策略，在会计学科的基础培养内容达到共性模块的基本标准下，加强金融相关联的会计专业理论、金融基础知识、金融行业会计国际比较、金融行业会计技能实践等专业模块的设计与运作，特别是精心研究社会主义市场经济金融发展中的会计分录、计算、管理、控制、监督等方面的需求与变化，并在相应的会计类专业的培养计划中加以体现和贯彻。在开展教育思想大讨论的过程中，逐步加深对培养大金融背景下的复合型、应用型、创新型和国际化会计专门人才的理解，而这一切都需要在深化会计教学改革中逐步实现。深化会计教学改革是培养具有复合型、应用型、创新型、国际化会计人才的重要基础，通过深化教学改革，以凝聚会计专业特色。

一、会计专业本科教育的复合型探索

复合型是以一种知识、文化为核心基础上的多文化、多学科的结合概念。从我校会计学科来说，复合型的会计专门人才，是以会计的基本理论、基本方法、基本技能为核心，形成计算机知识与会计知识的复合，而这里的计算机知识主要是计算机操作技能；形成金融知识和会计知识的复合，在会计学科的基础培养内容达到共性模块的基本标准下，加强金融基础知识、金融行业会计国际比较、金融行业会计技能实践等专业模块的设计与运作，特别是精心研究社会主义市场经济金融发展中的会计分录、计算、管理、控制、监督等方面的需求与变化；形成财经学科知识与会计的复合，使我们培养的学生既有"专"门的知识和技能，又"通"晓其他的知识和技能，具体应该具有以下几方面知识：(1)一般知识，(2)组织和企业知识，(3)信息技术知识，(4)会计和与会计相关的知识。一般知识使他们能够在广阔的社会背景下进行有效的决策、行使职业判断、展示职业胜任能力并能成功地与各种类型的人交流，这也为他们的职业成长提供了良好的开端。组织和企业知识使他们了解所工作的环境，具备政府、企业和非营利组织机构的广泛知识，熟悉其组织、融资和管理

方式，熟悉经营所依托的各种环境，以便他们能够顺利地行使作为职业会计师的职能。信息技术知识可促使他们转换不同的角色。职业会计师不但要会使用和评价信息系统，而且要能够在信息系统的设计和管理中发挥重要作用。专门的会计知识和通晓其他相关知识为会计师职业生涯的成功奠定了可靠的技术基础。因此，作为一名职业会计师，这四方面的知识缺一不可。

会计师不仅需要具备有关的知识，还需要具备必要的技能。职业技能将使职业会计师成功地运用其通过教育所获得的知识。职业会计师必须具备三类技能：(1)知识技能；(2)交际能力；(3)交流表达能力。知识技能使他们能够在复杂的组织环境下解决问题、做出决策和准确的判断。交际能力使他们能与其他组织成员一起为组织的共同利益协同工作。交流表达能力使他们能够有效地接收和传递信息、形成合理的判断以及做出有效的决策。

职业价值观是会计师为其职业和为其所工作的社会做贡献的必备素质。会计本科教育必须为未来的职业会计师构建职业价值观的基本框架，使其在未来的工作中能够为了社会和职业的利益，行使准确的职业判断和遵循良好的职业道德。我院在未来的会计本科教育中，应更加全面地遵循上述 IFAC 的国际教育指南，根据我国经济发展对会计人才的具体要求，培养具有国际水平的知识结构、技能和职业价值观的会计人才。该类会计人才，往往需要：

(1)多学科知识复合；

(2)通才与专才的复合；

(3)计算机操作技能和会计基本技能的复合；

(4)金融知识与会计知识的复合。

二、会计专业本科教育的应用型探索

应用型人才是一种直接应用于某一岗位的专门人才。我们认为应用型人才有层次之分：(1)研究应用型：这种人才主要做研究工作，但任何研究工作都不是为研究而研究，总有一定的“应用”目的。(2)教学应用型：这种人才主要做教学工作，要把他所学到的知识“应用”到教学中去。(3)管理应用型：这种人才主要在管理岗位上，“应用”他的知识、技能、才华来组织、协调、监督各项活动按既定的目标运行。(4)操作应用型：这种人才在操作层面上，按指令熟练地完成所分配的工作，这就需要过硬的操作技能和本领。结合我校的实际情况，我们认为我们所培养的学生是以操作应用型为基础的管理与操作相结合的应用型人才。会计人才的应用型要体现为具备娴熟的基本操作技能(包括会计、计算机等)，较深厚的金融和会计知识背景，较宽广的财经和其他知识，使会计应用型人才的培养落到实处。

三、会计专业本科教育的创新型探索

创新就是在原有的基础上有所认识、有所发现、有所提高。任何时代、任何层次的人才都需要创新，有创新才有可能发展和进步。三百六十行，行行出状元。任何学科、任何层次的教育与教学都有可能创新，结合我校会计学科的具体情况，除了学生应掌握的会计基本知识和技能外，还应学会如何在原有的基础上，持续学习，终生学习，不断有所创新。创新有教育理念——大金融背景下的会计专门人才；教学思想——管理和操作的应用型人才；教材——与金融知识点结合在一起的会计教材（会计与衍生金融工具、金融会计信息系统与审计等）；教学手段——传统教学和多媒体教学相结合的手段；教学方法——案例教学和启发式互动教学相结合。

四、会计专业本科教育的国际化探索

双语教学对促进学生语言能力的运用和国际交流有着极大的推进作用，随着经济全球化和会计国际化进程的加速、上海国际金融中心的建设等对外开放政策的落实，对会计专业本科生提出了更高的语言能力要求，会计本科教育国际化的目标就是要培养具有国际标准的知识结构、技能和职业价值观的会计人才。

五、金融会计特色专业的内涵和建设思路

（一）我校应用型金融会计人才培养的特色

为实现会计学专业服务上海和金融行业的战略结合，上海金融学院会计学院致力于培育与建设具有会计共性基础、鲜明金融个性的金融会计特色专业方向，探索培养兼具会计、金融、经济、管理、法律等理论知识和会计信息技能相结合的应用型金融会计人才。

会计学院的成长历程是上海金融学院发展的缩影，也是上海金融应用型教育事业繁荣发展的见证。2009 年会计学专业被上海市教委列为上海市第三批教育高地建设点，2010 年 8 月金融会计特色专业方向被财政部、教育部列为全国第六批特色专业建设点，2011 年 8 月会计学院的高素质应用型金融会计创新团队又被财政部、教育部列为中央财政资助项目建设点，开创了会计学院金融会计特色建设的新纪元。回顾发展的历程，我校应用型金融会计人才培养的特色就是：始终坚持突出应用型会计人才培养和突出为地方（金融行业）经济与社会发展服务。把培养金融特色会计人才作为“兴院强生”的基础，以双师型师资队伍的培育、金融会计方向性课程的设置、应用型学术研究的渗透和行业资源（金融企业和会计师事务所）的依托为四大支柱的核心竞争力得到逐步彰显。

（二）我校应用型金融会计人才培养的途径

1. 应用型金融会计人才培养的总体目标

依托上海金融学院在长期办学历史中形成的金融特色和与财政、金融、会计师事务所等行业密切联系的行业优势，培养适应未来金融或会计师事务所等行业发展所需要的金融会计、财务、审计人才，服务于上海国际金融中心和航运中心建设

对金融会计、财务、审计人才的需要。

2. 我校应用型金融会计人才在国内同类学科专业中具有相对的优势

上海金融学院的前身是上海市银行学校，1952 年建校后就一直设有“银行会计”课程，并由来自银行系统的人员任教，具有鲜明的应用特色。以后又加大了对银行会计课程建设的力度，建立了模拟银行，进行银行会计业务手工模拟操作。学校升为本科之后，更加重视对金融行业的应用型会计专门人才的培养，建立了会计财务管理计算机通用实验室，在模拟银行手工操作的同时开展了计算机操作。我校保持与发展了突出实践的特色，2008 年经财政部批准，建立了中央与地方共建高校实验室——现代服务业管理实验室，同时建立了网络化的实习基地，满足了教学与社会的需要，体现了本校“应用型”人才的培养特色。目前，综合性、财经类等院校一般都设有会计专业，但是在教学和科研目标上侧重点不同。综合性院校比较侧重于综合能力和理论水平及综合运用能力的培养，依托其理工科专业的背景，综合科研优势会进一步突出；财经类院校的会计学专业有其传统的教学和科研优势，比较侧重于会计理论研究和实证分析，一般只开设“银行会计”一门金融类会计课程。

我校金融会计特色专业方向培养的思路是：(1)学校依托行业优势，提升大金融背景下的会计人才培养方式，结合上海两个中心的建设，逐步凝练出彰显金融特色的初晓国际惯例的应用型金融会计专门人才培养模式和方法，错位竞争，以满足社会需要。(2)学校金融会计的教学和研究既要突出一般会计学科，也要拓宽教学和研究的空间，特别是金融会计课程体系(包括银行会计、保险会计、证券会计、衍生金融工具会计、基金会计、信托会计、金融资产管理、金融审计、金融企业会计风险与监控、金融会计伦理等)的教学与研究。(3)建立适用于应用型、行业性人才培养的校内外实验实习基地(目前已建立了浦东新区财政局会计管理中心、众华沪银会计师事务所、交通银行浦东新区支行、中融国际信托投资公司等企事业单位)，每年都有学生和老师去实习，具有一定的应用型、行业性人才培养的成效。

3. 应用型金融会计人才培养目标定位

以素质教育为核心，进一步提高本科人才培养质量，尤其是金融会计创新和实践能力的培养；使本专业毕业的学生成为具有良好的综合素质，能适应金融行业的变化，知识结构合理、专业过硬、懂国际惯例的具有创新精神的应用型金融会计专门人才。

该专门人才在理念上应该打破以往以学科为体系的教学模式，突出应用型和行业性的特点，从有利于开发学生的禀赋和潜能出发，把学生培养成具有“三化”“二长”“一证书”能力的金融会计人才。

“三化”：(1)金融行业化的专业方向，即与行业需求相对应，以就业前景广阔、社会招聘为背景考虑专业方向。(2)会计职业化的课程设置，即课程体系是由会计行业必备的理论知识和特定的技能课程构成，突出了技能和动手能力的特点。

(3)全程化的就业理念,即对学生进行全程化的就业指导,建立以职业能力培养为导向的实习实训课程,把实习与就业贯穿学生培养的全过程,建立个人职业生涯规划训练。

"二长":(1)专长,即所学专业必须掌握的基础知识和职业外语、职业计算机、经济应用文写作等一般技能,培养学生的应用能力。(2)特长,即学生所学专业相对应的某一行业或某一岗位的独特技能。

"一证书":职业资格证书,主要是指考取某行业上岗必备的职业资格证书(如会计上岗证书、银行从业人员资格证书等)。

4. 改革教学内容和课程体系,为应用型金融会计人才培养模式创新夯实基础

(1)注重开放办学,丰富特色专业内涵

要体现鲜明的金融特色,必须加强对金融行业发展趋势和人才需求的研究,紧密结合经济转型和社会发展需求,与金融部门合作,了解市场对人才需求的变化特点和有关技术领域、职业岗位(群)与课程设置的实际要求,重点围绕"三个符合度"开展调查研究,即人才培养目标与企业对人才需求的符合度、课程设置与人才培养目标的符合度、教学内容与课程设置的符合度。积极寻找项目(课程)开发、专业共建、实践教学等方面的合作伙伴,探索校企合作人才培养模式的改革工作。优化、创新人才培养方案和课程体系,完善专业培养计划,合理确定基础课与专业课、必修课与选修课、理论教学与实践教学的比例,在保持传统会计共性的基础上,强化和创新金融特色。

(2)在课程体系建设时,既要保证会计的共性,又要体现金融特色

在保证必要理论知识教学的前提下,对学生进行未来会计职业岗位工作需要的能力培养,是大多数培养应用型人才的教学型普通高校会计教育的主要特点。因此,在课程设置过程中,要严格、规范地执行教学计划,按照教育部对会计专业核心课程的要求,参照名牌大学和国内外同专业的课程设置,保证会计专业知识结构的特色和共性。同时应紧紧围绕专业培养目标,根据金融行业和领域的新发展和新要求,加强课程体系、教学内容的改革与建设,体现金融会计专业方向的课程特色。

(3)建设与人才培养目标相一致的特色课程群,以特色课程群建设带动专业课程建设

适应经济转型形势对金融会计人才的要求,优化、创新的金融会计专业方向课程体系,是实现金融会计人才培养目标、提高金融会计人才培养质量的核心环节。优化、创新的课程体系要求所设置的各类型、各层次课程达到整体优化的效应。它作为一个体系应是开放的、与时俱进和动态变化的,应时刻反映金融会计学科的发展主流。因此,要深入研究社会对金融会计人才知识、能力、素质结构的要求以及金融行业、金融学科、会计学科发展的需求,积极开发反映社会需求和学科发展的新课程。要将金融行业与产业形成的新知识、新成果、新技术引入教学内容,着力

减少课程间教学内容的简单重复问题。

(4)以增强学生职业能力为主线,构建以实践教学为重点的金融会计特色专业方向课程体系

注重以知识为基础,以能力为重点,知识、能力、素质协调发展,强调培养学生的专业知识应用能力与创新能力。要在课程体系设置、教学内容、教学环节安排等方面都强调应用性。

要根据专业培养目标和社会需求,制定科学合理的实践教学计划。以技能训练为重心,构建实验课程子模块。增加课程实验和实验课程,增加研究设计性实验内容,构建从基础课到专业课、从单一实验到综合实验、从校内实验到校外实习的实验实践教学体系,分模块、成系统地培养学生的实践能力,使实践教学的内容从相对独立到学科融合。做到实验教学内容稳定化,实验课程评价制度化,实验程序标准化,四年实践环节不断线,分层次逐步提高学生的动手能力。建立以职业能力培养为重点的课程标准,在教学过程中,要引入行业职业资格证书标准或岗位能力标准,积极聘请行业专家来校开展实训教学指导,突出教学内容与教学活动的实践性、开放性。逐步形成结构合理的主讲教师队伍,在课程内容的建设上强调现代教育理念和教育技术的运用,强调教学内容与岗位实际需要的对接。建立多元化的、稳定的校外实习基地,加强对实践教学的考核。

(三)为浦东金融中心服务的遐想

上海金融学院与上海浦东新区的陆家嘴、张江、金桥等开发区毗邻,直接与上海国际金融中心和国际航运中心建设紧密相连,同时也涵盖了为上海发展现代服务业和现代制造业培养人才的需要,学校与占地5 000亩的国家级金融信息产业园区已建立产学研战略联盟,加快培养上海金融行业发展及现代化需求的会计人才正逢其时。上海“两个中心”建设和现代服务业的发展对具有大金融背景的应用型会计专门人才具有现实和潜在需求。为此,我们认为可以从以下几个方面进一步开展工作:

(1)在学校统一领导下,更广泛地开展与会计师事务所、金融机构、企事业单位的产学研合作,建立教师、学生的实践实习基地,为培养应用型会计人才打下一定的基础。

(2)在学校的第一课堂教学中,多开设实验和案例课程(例如,在已开设的基础会计、会计学、成本会计、会计信息系统、高级财务管理、内部控制案例分析等实验实训课程的基础上,增加金融审计案例分析、公司财务案例分析等课程),增加学生理论与实践相结合的能力。

(3)在学校的创新创业学院中,成立“融会代理记账公司”(筹备中),把会计学子论坛、会计知识大赛、代理记账比赛、点钞大赛等学生第二课堂教育实践和老师的有些科研项目融合在其中,使学生逐渐掌握会计应用技能,为学生今后的自主创业奠定一定的基础。

(4)在学校已有的计算机软、硬件设备的基础上，拟运用中央财政资助的资金，整合现有的各种会计教学软件，建立学院模拟会计实训基地，让更多的学生不出校门就能初步接触到社会实际。

实现会计学专业服务上海浦东金融中心建设，突出会计专业应用型会计人才培养和为地方(金融行业)经济与社会发展服务；形成兼具会计、金融、经济、管理、法律等理论知识和会计信息技能相结合的应用型金融会计专门人才培养模式，培育与建设具有会计共性基础、鲜明金融会计个性的金融会计特色专业人才，正是历史赋予我们的责任。

"卓越教育"计划下金融会计应用人才培养模式研究①

姜雅净

随着上海国际金融中心的建设与发展，上海的金融机构需要大批不同规格和不同层次的金融会计人才。高等教育教学改革的根本目的是"为了提高人才培养的质量，提高人才培养质量的核心就是在遵循教育规律的前提下，改革人才培养模式，使培养人才方案和培养途径更好地与人才培养目标及培养规格相协调，更好地适应社会的需要"。

一、"卓越教育"计划下金融会计应用人才培养模式探讨的背景

（一）教育部"卓越工程师教育培养计划"（简称"卓越计划"）的提出

"卓越计划"是贯彻落实《国家中长期教育改革和发展规划纲要（2010～2020年）》和《国家中长期人才发展规划纲要（2010～2020年）》的重大改革项目，也是促进我国由工程教育大国迈向工程教育强国的重大举措。该计划旨在培养造就一大批创新能力强、适应经济社会发展需要的高质量各类型工程技术人才，为国家走新型工业化发展道路、建设创新型国家和人才强国战略服务。"卓越计划"的三个特点是行业企业深度参与培养过程、学校按通用标准和行业标准培养工程人才、强化培养学生的工程能力和创新能力。

（二）2008年5月上海市《上海高等教育内涵建设"085"工程实施方案》（简称"085"工程）的启动

"085"工程包括"综合建设工程""人才培养工程""知识创新工程""师资队伍建设工程"和"国际交流与合作工程"。工程的目标是，在工程教育、科学教育、医学教育和文学艺术教育四个领域构筑"卓越"实力，以满足上海及国内社会发展的人才和科研需求，提升高校的学科国际竞争力。工程的任务是以创新型人才培养为核心，以提高高等教育质量为重点，全面贯彻实施教育部研究生教育创新计划、高等学校本科教学质量与教学改革工程；重点加强人才培养模式改革、课程体系建设、优化学科专业结构、建立健全教学评价体系，进一步增强高校培养创新人才的能力，构建和完善各类创新型人才培养体系。其中，本科教育质量计划是以提高本

---

① 本文发表于2012年第6期《佳木斯大学学报》。

科生培养质量为核心，积极推进高等学校教学质量与教学改革工程；重点开展教育高地、实验实训基地、课程体系和教材等建设，构建学科专业结构优化调整机制、建立健全教学质量保障体系，改革本科生培养模式，增强高校本科生的培养能力。

（三）《上海金融领域“十二五”人才发展规划》（简称《规划》）的对外公布

2011 年 11 月 1 日，《上海金融领域“十二五”人才发展规划》正式对外公布。上海提出，未来五年将逐步形成符合上海国际金融中心建设要求的金融人力资源体系，逐步建成开发度高、融合度高、集聚度高、贡献度高的国际金融人才高地。到 2015 年，上海市金融人才总量将从现在的 23 万人增加到 32 万人左右。《规划》预计，到 2015 年，列入中央和上海“千人计划”“上海市浦江人才计划”等计划的海外高层次金融人才达 100 名；列入上海市和金融领域领军人才培养计划的金融领军人才达 200 名；具有本科及以上学历的人员比例达到 70%，其中研究生学历的人员比例达到 15%；持有国际通行的金融职业资格认证证书的人才数量达到 1.5 万人（其中，CFA 证书拥有人数突破3 000人，CFP 证书拥有人数突破5 000人），占从业人员的比例达到 5%左右。同时，提高金融人才持有国内高端金融职业资格证书的普及率。

（四）上海金融学院关于“卓越教育”计划下金融会计人才培养问题的提出

近年来，我国高等财经教育面临着许多新挑战，也面临着许多新机遇。上海金融学院作为财经类本科院校，清醒地认识到当前高等财经教育人才培养的新特点，顺应新的机遇和挑战，根据地方经济社会发展尤其是上海大力推进国际金融中心建设的需要，在完善外延建设的同时，积极探索适应这些特点的人才培养模式，在“十二五”规划中提出卓越金融人才培养的理念，于 2011 年教改研讨会上提出卓越金融人才培养模式改革与探索方案。上海金融学院的会计学院作为一个与学校同生共长的学科、专业建设部门，要落实学校卓越金融人才培养模式改革与探索方案，就要思考与之相呼应的“卓越教育”计划下金融会计人才的培养问题，探索“卓越教育”计划下金融会计人才的培养理念、途径、办法等，建立“卓越教育”计划下金融会计应用人才的培养模式。

（五）上海金融学院会计学院金融会计人才培养的现状

我校于 2007 年提出金融会计方向的建设，通过近两年的社会调研、行业研究、专家论证，在 2009 年开始招生，目前已有 5 个班级近 250 余人。当初设计教学计划时对应用人才培养在课程设置、师资队伍安排、实验实践活动要求上也都有所考虑，但是对应“卓越教育”的要求，感觉还存在行业专业教育的知识面不够广、对应用型在金融会计教育中的核心地位和作用认识不足、对实验课的目的和方法缺少正确认识、学生缺乏金融会计领域的实践和模拟训练等问题。

二、“卓越教育”计划下金融会计应用人才培养模式构建的理念

构建“卓越教育”计划下金融会计应用人才培养模式，实现“卓越教育”的核心

任务是让学生具有较强的创新意识、扎实的基本知识、较高的应用能力，达到促进高等教育会计教育教学注重服务国家发展战略、注重与行业的密切合作、注重学生综合素质和社会责任感的培养、注重会计人才培养国际化的效果，具体包括：

（一）管理者层面

高校的管理者肩负着制定战略、引领方向、把握进度、实施监督等重要任务，在“卓越教育”计划下金融会计应用人才培养模式构建中，他们要树立“君子务本，本立而道生”的人才培养之道，明确“质量立校”的人才培养之根，把握“转型发展”的人才培养之变，拓展“创新驱动”的人才培养之路，化解“趋同化”的人才培养之弊。

（二）教师层面

上海国际金融中心建设思想的提出和任务的实施，对高校教师的业务水平是一个挑战，对高校教师的与时俱进、创新能力也是一个考验。此时，教师专业的发展和应用能力的提升不仅是社会发展对教师的期待、教师自身成长的内在需要，而且是学生发展的榜样、学生学习的活教材。要培养卓越的金融会计专业方向的学生，就必须有一支卓越的金融会计专业教师队伍，所以构建“卓越教育”计划下金融会计应用人才培养模式，必须要倡导“做一个追求卓越，富有创新精神老师”的理念。

（三）学生层面

学生由于高考填报专业的盲从、大学相对宽松的学习氛围以及日益激烈的人才竞争，使得他们在进入高校后陷入“知道必须要学，又不知从何下手”的困惑。此时，要设计好对学生的专业教育和引导，避免学生工作者“唱”思想工作的“独角戏”现象，要树立专业课教师和辅导员联袂而至，在大学生中注入“用卓越的素养学习”的心态。

三、“卓越教育”计划下金融会计应用人才培养模式构建的探讨

（一）“卓越教育”计划下金融会计应用人才的培养目标和规格

“卓越教育”计划下金融会计应用人才培养模式在本科层次、会计学专业金融会计方向中实施，人才培养目标定位为具有国际交流能力、创新思维和精神、复合知识的应用型专门金融会计人才。

会计学专业金融会计方向人才培养的规格，包括学生应该具备的基本素质和各种能力。

1.素质

经过“卓越教育”计划下金融会计应用人才培养模式的教育，学生应该具备如下综合素质：

（1）人文和科学素质

具有优秀的道德品质和运用唯物辩证法分析问题的自觉性，能够适应科技进步和社会和谐发展的需要。具有法制观念，注重人文精神、公民意识、科学态度和

社会责任。理解、贯彻党和国家的战略、方针和政策。掌握一定的人文和科学知识,并能运用人文知识进行审美,利用科学知识观察世界,培育自己的创新能力。

(2)自身身心素质

具有健康的体魄和健康的心理,包括健康的身心素质和自我调控能力,自我调控包括进行体育锻炼、陶冶情操、稳定或平衡心理状态等;能够正确认识自然现象和自然规律,正确处理人与自然和谐发展的关系。

(3)专业素质

具备会计学专业金融会计方向的专门知识和技能,要有进取意识,利用其专业特长和技能,创造性地解决金融会计问题,明确自己的受托责任,保持必要的职业审慎,坚守准则,公允处事。

2.能力

经过“卓越教育”计划下金融会计应用人才培养模式的教育,学生应该具备的能力包括:

(1)人际交往能力

具有一定的协作能力,具有良好的人际关系和团队精神,能与组织内的部门和其他人员以及其他组织协调合作,妥善解决利益冲突和工作矛盾。为了集体的共同利益,为了达到集体的共同目标,能够与他人一起开展有效的工作,包括与不同文化和知识背景、不同立场、不同信仰的人共事。

(2)沟通与信息获取能力

具有较强的语言与文字表达能力,能掌握文献检索和资料查询的基本方法,获取和分析专业和非专业的信息;具有一定的国际交流能力。能够有效地倾听、阅读、观察、传递和交换意见或看法。

(3)自主学习、终身学习和不断创新的能力

有较强的自学能力和追求新知识的激情和习惯,能运用新知识和新技术,富有创新精神和实践能力。为了自身的可持续发展、适应制度变迁和应对未来的职业挑战,能够保持终身学习的能力。

(4)专业能力

能够熟练掌握定性和定量分析方法,准确地陈述、处理金融会计与财务事项、问题,撰写会计与财务工作报告、财务分析报告等,不断提升专业判断和专业水准;具有敏锐的洞察力,能够发现管理中存在的问题,对信息进行恰当分析,提供决策支持和规避风险的合理建议;同时要有较强的专业技能,包括智力技能、技术和功能技能、个人技能等。

(二)“卓越教育”计划下金融会计应用人才培养的整个教育过程

1.构建与实施“卓越教育”计划下金融会计应用人才培养目标相一致的教学计划

修订现有课程体系,制定一套体现“卓越教育”理念、强化金融行业特色的“卓

越教育”计划下金融会计应用人才教学计划，专为会计学——金融会计方向所用，具体做法如下：

(1)强化金融背景知识，体现行业性。目前开设的“证券公司会计”“信托与基金会计”课程在教学过程中会遇到课程名称和教学内容不是很匹配、相应会计业务知识比较单薄、学生对相应会计业务涉及的行业背景比较陌生、课程定位不够准确等情况，造成任课教师在教学中对于课程内容的把握、学生在学习中对课程知识的把握不是很准确。学生往往会提出老师就会计知识讲授不够多；老师则会因即便具备了会计知识，也要在一定的业务背景基础之上，具备相关实务知识的烦恼；专家在听课中甚至会产生会计课上重点教授的不是会计而是金融知识简介的误会。基于此，建议在专业方向必修课板块将“证券公司会计”“信托与基金会计”课程修改为“证券公司事务和会计”“信托与基金事务和会计”课程，这样既给学生弥补了金融背景知识，又丰富了教学内容，更主要的是对于相关金融行业的知识和会计业务有一个很好的统筹和系统的讲授。

(2)强化实践教学，体现应用型。目前在教学中采用案例教学的不是很多，效果也不是很理想，对学生基本技能的训练也不够甚至还存在一定的缺失。学生的动手能力还有待于进一步提升，大部分学生没有点钞、假币识别、小键盘应用、手工记账等方面的经历和系统训练，案例的针对性和系统性还不够。基于此，建议在专业方向选修课板块取消“外贸会计”课程，先开设专题实务案例讲座，待条件成熟时开设金融财务方面的案例课程；在实践教学板块将“会计实务”课程改为“金融会计实务”和“金融财务基本技能”课程，同时开设金融职业素养、金融职业道德和职业精神等相应的讲座。

2.构建与实施“卓越教育”计划下金融会计人才应用培养目标相一致的应用型教师团队

(1)校内存量资源——提高会计实践师资的教育教学理论水平、会计新知识水平以及实践操作能力。当前的会计教师，绝大多数是从高等院校的会计学博、硕士毕业就上讲台任教的，他们任职前没有真正接受过系统的教育教学理论的培训，对这部分教师，应分批选送师范大学进行心理学、教育基本理论、教学法等内容的教学基本功训练以及关系教学效果的基本素质训练，帮助他们提高教学能力和教学水平。

(2)引进师资力量——在引进过程中注重与学校现有实际情况、人才培养目标定位以及学校办学定位相一致。应尽量避免单纯引进高等学校的博、硕士毕业生，只重高学历、学位而轻实践能力的现象，必须考虑应用型人才培养的特色，同时要本着求所用、求所为的原则，借鉴国外的办学经验，从社会上或从已建立的校外实习基地的企事业单位引进或聘请相当数量的业务素质高、实践经验丰富、有教学能力的会计、财务专家来校任教或担任兼职教授，切实建立一支相对稳定的社会兼职师资队伍。

(3)日常教育——在注重教育理念和教育思想的提升和规范教学习惯和能力的培养的同时,强化实训和学习交流平台的搭建。邀请一些会计专家、学者来校进行讲学,让教师更多地了解会计学科发展的前沿问题,扩展知识面;同时,多组织教师参加学术交流活动,提供相互学习的平台,通过学校交流活动进一步加强会计理论与实践的密切联系;鼓励教师参加企业锻炼和岗位实习活动。这样,既巩固了教师的理论知识,又不断使其吸纳实践成果。

(4)政策导向——运用激励机制,鼓励教师不断提升自己,成为融事业型、人文型和研究型于一体的教育行家。树立育人意识,坚持敬业(热爱教育、忠于教育、献身教育),博学(知识渊博、基础厚实、教学精深),身正(勤学善思、执教严谨、表里如一)。鼓励教师当“人师”,用自己的灵魂和学生对话,用自己的情感激发学生的情感,用自己的智慧启迪学生的智慧,用自己的人格感召学生的人格,用自己的精神振奋学生的精神。发展和完善教师既是教育者又是管理者的角色形象。鼓励教师获取“双师”资格,对获取“双师型”教师资格的、课堂教学效果好的、在第二课堂中发挥积极作用的教师,在晋职、评优中优先考虑。

3. 构建与实施“卓越教育”计划下金融会计应用人才培养目标相一致的教学方法和教学手段

(1)教学方法

“卓越教育”计划下金融会计应用人才的培养要求教学方式、方法由灌输式向启发式转变,由单向交流向多项交流转变,由被动式学习向自主、互动式学习转变,由注重问题结论、给出问题答案向提出解决方案、注重解决过程转变,由重视记忆训练、强调技能熟练向掌握知识原理、创造性应用转变。

通过教学方式的改变发掘学生的潜力,开发学生的智力,提高学生的能力。本培养模式要求的教学方法具体如下:①课堂讲授要以引导启发为主、系统阐述为辅,充分调动和引导学生的想象力;②要加强课堂讨论,以便提高学生的交流技巧和理论研讨能力;③要加强案例分析,提高学生分析问题和解决问题的能力;④要布置小组作业、书面练习和课外作业,提高学生的合作能力和独立思考能力;⑤要建立考察与考试相结合的学习评价制度,考察的内容主要是学生的平时表现、阅读报告、课程论文等综合考量的结果。

(2)教学手段

“卓越教育”计划下金融会计应用人才的培养要求采用先进的教学手段。利用信息技术进行教学是教学现代化的标志之一,是教学手段不断进步的重要体现。在金融会计学专业课程的教学过程中,教师需要运用大量的图表展示和解释方式进行教学,因此,运用会计和财务教学软件和多媒体课件进行演示和讲解,并利用计算机网络与学生进行课堂教学互动,有助于提高教学效果,增强学生的参与度,调动学生的学习积极性。本培养模式要求的教学手段具体如下:①利用多媒体课件进行教学;②利用专业教学软件;③利用网络教学平台;④大力推广案例教学。

4. 构建与实施“卓越教育”计划下金融会计应用人才培养目标相一致的第二课堂教育体系

该体系由“雏鹰计划”“飞鹰计划”“精鹰计划”和“雄鹰计划”四个部分组成，主要在校内进行，注重素质培养和能力培养相结合，循序渐进、有序开展，分别在会计学——金融会计方向专业的四个年级实施，目的是练素质、塑能力，实现能力和素质的同步提升、协调发展，为学生本科毕业后进行下一步发展做好准备。

(1)“雏鹰计划”。实施对象为大一年级学生。计划的目标主要是锻炼学生的适应能力和持续学习能力，培养学生的思想道德素养。其重点是适应能力，一个适应能力比较强的人能够很快适应新的环境，即使是在比较困难的情况下，也能够变不利因素为有利因素，取得事业上的成功，主要通过校园文化和校情校史报告会、《学生手册》学习竞赛、理想信念教育报告会、军训爱国主义教育、大一新生思想道德训练营、学习方法经验交流会、大一党章学习会、感恩书信大赛等赛会活动来实现目标。

(2)“飞鹰计划”。实施对象为大二年级学生。计划的目标主要是锻炼学生的交往能力和表达能力，培养学生的法律素养，其重点是人际交往能力。人际交往能力是人们实践经验的结晶，在教科书上是学不到的。因此，要培养学生的人际交往能力，就要让学生及时抓住参与各种交流、交往的机会，培养学生与他人在心理方面的相容、交往时的诚实守信以及人格之间的平等等心理品质，主要通过优秀校友报告会、校园小记者采访活动、校园调研活动、师生读书交流会、演讲比赛、辩论赛、法律知识讲座与竞赛等活动提高学生的法律意识和素养，培养学生的交流与表达能力。

(3)“精鹰计划”。实施对象为大三年级学生。计划的目标主要是锻炼学生的管理能力和决策能力，培养学生的身、心素养，其重点是管理能力。每个人在工作中都会程度不同地运用到组织管理能力，这是现代社会对于人才的新要求。在大学生活期间，培养学生的组织管理能力应注意两点：一是要让学生学会抓住机遇锻炼自己；二是要让学生注意用心向他人学习，以他人之长来补己之短，主要通过校友寻访活动、各种团队体育健身趣味竞赛、心理健康教育讲座、心灵导师恳谈会、开设管理能力和决策能力专题讲座、开展思维训练实训等活动来提高学生克服从众心理、增强自信心、注意把握全局、勿求十全十美的管理能力和决策能力，培养学生的身、心素养。

(4)“雄鹰计划”。实施对象为大四年级学生。计划的目标主要是锻炼学生的应用能力和创新能力，培养学生的科学素养，其重点是应用能力。应用能力是将知识转化为物质的重要保证，是卓越人才所必备的一项实践技能。对毕业生而言，无论今后从事什么工作，应用能力的强弱都将直接影响能量的发挥程度。因此，大学生应克服重理论、轻实践的倾向，做到基础理论扎实、实际动手应用能力强，主要通过职业技能训练、职业生涯确立及职业素养培养、国际视野和文化教育、给自己一份好工作创业计划模拟、应聘技巧培训、简历撰写大赛、职业认同感体验、实习和就业的距离交流、成功就业案例讲座等来实现该计划。

5. 构建与实施“卓越教育”计划下金融会计应用人才培养目标相一致的校企合作联合培养体系

该体系是由“边学边听 1＋4”“边学边看 2＋2”“边学边做 3＋2”“边做边定 4＋X”四个部分组成的专业实践活动体系，主要在金融机构进行，目的是培养学生的临岗能力和职业上手能力，使学生与将来的工作岗位零距离，走进企业，走近行业，对将来的工作环境早了解、早适应。通过固定的校企联合伙伴的建立，使企业不仅成为学校的实习基地，同时还参与研究和制定培养目标、教学计划、教学内容和培养方式，确立紧密型关系。在校企双方紧密型的合作过程中，由于教学计划是校企双方共同制定的，因此，学生在实习前初步具备了顶岗生产的能力，使企业感受到接受学生顶岗实习不仅不是负担，而且成为有效的劳动生产力。同时，学校让合作企业优先挑选、录用实习中表现出色的学生，使企业降低了招工、用人方面的成本和风险，获得了实惠与利益，提高了参与职业教育的积极性。

(1)“边学边听 1＋4”，即在大一年级开设以金融机构体系为脉络的中央银行、商业银行、非银行金融机构以及在境内开办的外资侨资中外合资金融机构四大类型的相关知识和业务的讲座或介绍，让学生初步了解银行业务的基本知识和内容、工作性质和任务。

(2)“边学边看 2＋2”，即在大二年级开展金融行业参观走访活动、业务办理活动两项内容的训练，让学生亲临现场，亲身感受金融服务、业务特色，了解相应的用人机制、员工们的工作态度和敬业精神，在对美好未来憧憬的同时，也引发学生对择业的思考。

(3)“边学边做 3＋2”，即在大三年级开展金融行业调研和金融会计人员采访两项内容的活动，通过调研了解金融行业用人需求情况、招聘信息、聘任程序、岗位要求等，通过对金融会计人员的采访让学生了解金融会计职业的特点、职业的知识要求和职业的能力要求，这样学生可以对照自己的职业规划进行有的放矢的准备。

(4)“边做边定 4＋X”，即在大四年级根据学生的就业意向，进行毕业实习、考研准备、考公务员准备等多项选择及推进。根据学生的定位需求，组织校内外指导教师对学生进行分类指导，开设相应的讲座和经验交流，帮助学生尽可能实现职业愿望。

金融会计教学团队建设的探索与思考[①]

丁小云　王秀春

教学团队是教育部在高等学校中实施本科教学质量与教学改革工程的一项重要举措。上海金融学院会计学院的金融会计特色专业方向作为财政部、教育部第六批全国特色专业建设项目，依托2011年中央财政支持地方高校发展专项资金项目，旨在建设高水平应用型金融会计创新团队，以进一步提高本科人才培养质量，培养适应金融行业的变化，具有创新精神的应用型金融会计人才。

一、金融会计教学团队建设的意义

金融会计作为一个综合性、时效性、实践性较强的会计特色专业方向，按照教育部对会计专业核心课程的建设要求，既要保证会计专业知识结构的特色和共性，同时应紧紧围绕会计专业培养目标，根据金融行业和领域的新发展和新要求，加强课程体系、教学内容的改革与建设。应以金融学科体系为向导，充分发挥金融理论和金融实务研究在会计专业教育改革中的导向作用，密切关注金融理论的最新发展，尤其是金融市场和金融工程的发展动态，让学生知悉和掌握金融会计的完整体系及其应用技能，培养学生分析和解决具体金融会计问题的能力。

教学团队建设是保证应用型金融会计人才培养的重要基础，旨在通过科学的人员组合，发挥团队的知识、能力结构优势，改革现行的学科式教学模式，探索以能力培养为中心的应用型人才培养的教学模式。通过金融会计教学团队建设，可以促进金融会计专业教学，深化专业结构和课程体系的改革，促进教学内容、教学方法和教学手段的现代化。通过提升教学团队的应用能力，服务于“应用型、复合型、创新型、国际化”的“三型一化”金融会计人才培养需要，满足上海金融中心建设对金融会计人才的需求。

二、基于课程体系改革的金融会计教学团队的建设思路

教学团队是以课程或课程群为核心组成的教师群体，该教师群体通过成员之间的协作与交流，开展教学研究和教学改革，从而提高教师的整体素质和教学水平。基于金融会计专业方向的特点，金融会计教学团队在建设过程中可以遵循以

① 本文发表于2012年12月《生产力研究》。

下思路：

(一)建立金融会计课程体系

金融会计专业课程是在基于会计专业主干课程的基础上，增设金融会计特色系列课程，如银行会计、证券公司会计、保险会计、信托会计、基金会计、衍生金融工具会计等课程，各门课程之间内容联系强，知识点相互交叉，这就需要团队成员教师对整个课程体系有所了解，并具备一定的实践经验，这样在教学过程中可以把握重点，避免课程内容的重复。金融会计教学团队通过对金融会计课程体系的长时间探讨，明确了各门专业特色课程的性质和在课程体系中所处的位置。

1. 注重开放办学，丰富特色专业内涵

要体现鲜明的金融特色，必须加强对金融行业发展趋势和人才需求的研究，紧密结合经济转型和社会发展需求，与金融部门合作，了解市场对人才需求的变化特点和有关技术领域、职业岗位(群)与课程设置的实际要求，重点围绕“三个符合度”开展调查研究，即课程设置和教学内容与人才培养目标的符合度、与职业面向(岗位)的符合度和金融行业对人才需求的符合度。积极寻找项目(课程)开发、专业共建、实践教学等方面的合作伙伴，探索校企合作人才培养模式的改革工作。优化、创新人才培养方案和课程体系，完善专业培养计划，合理确定基础课与专业课、必修课与选修课、理论教学与实践教学的比例，要在保持特色的基础上，强化特色、创新特色。

2. 在课程体系建设时既要保证会计的共性，同时又要体现金融特色

在保证必要理论知识教学的前提下，对学生进行未来会计职业岗位工作需要的能力培养，是大多数培养应用型人才的教学型普通高校会计教育的主要特点。因此，在课程设置过程中，要严格、规范地执行教学计划，按照教育部对会计专业核心课程的要求，参照名牌大学和国内外同专业的课程设置，保证会计专业知识结构的特色和共性。同时，应紧紧围绕专业培养目标，根据金融行业和领域的新发展和新要求，加强课程体系、教学内容的改革与建设，体现金融会计专业方向的课程特色。

3. 建设与专业培养目标相一致的特色课群，以特色课群建设带动专业课程建设

适应经济转型形势对金融会计人才的要求，优化、创新的金融会计专业方向课程体系是实现金融会计人才培养目标，提高金融会计人才培养质量的核心环节。优化、创新的课程体系要求所设置的各类型、各层次课程达到整体优化的效应。它作为一个体系应是开放的、与时俱进的和动态变化的，应时刻反映金融会计学科的发展主流。因此，教学团队应深入研究社会对金融会计人才知识、能力、素质结构的要求以及金融行业、金融学科、会计学科发展的需求，积极开发反映社会需求和金融、会计学科发展的新课程。

为此，金融会计专业方向课程体系的构建要以微观经济学、宏观经济学、金融

学、基础会计、统计学、管理学、投资学、财务管理学、财政学等为学科基础课，培养学生的宏观经济观念、思维和分析能力，为专业课的学习打下坚实的基础。以中级财务会计、银行会计、保险会计、证券公司会计、基金会计、信托会计、衍生金融工具会计等为专业必修课，体现金融会计专业方向特色，以培养金融会计专业人才，使学生能够在相关金融业务的会计核算、管理等方面发挥专业水平。以会计信息系统、金融 ERP、金融会计实务等为专业技术课，培养学生运用各种现代工具(包括模型、分析方法、操作设备等)从事业务活动和金融创新的能力，以适应会计信息化、全球化的需要。此外，从税务会计、金融风险管理、金融资产管理与证券投资、金融审计等角度设专业选修课，以拓展专业外延，深化专业内涵，增加学科的前瞻性，提高金融会计专业知识的综合化程度。

4. 以增强学生职业能力为主线，构建以实践教学为重点的金融会计特色专业方向课程体系

注重以知识为基础，以能力为重点，知识、能力、素质协调发展，强调培养学生的专业知识应用能力与创新能力。要在课程体系设置、教学内容、教学环节安排等方面都强调应用性。

(1)制定科学合理的实践教学计划

金融会计教学团队要根据专业培养目标和社会需求，制定科学合理的实践教学计划。实践教学计划应包括两个层次:第一层次是总计划，涉及有多少门专业课程要开设课程内实验课，课时为多少;另外，要开设多少门专业实验课程(包含实习)，每门课时为多少，放在哪个学期开设等。总计划应体现在专业培养方案中。第二层次是分计划，涉及每个课程内实验项目和每门实验课程的目标、任务、内容，学生应达到的要求，考核办法等。分计划可以通过教学大纲的形式体现出来，并在教学中予以贯彻实施，以免流于形式。

(2)以技能训练为重心，构建实验课程子模块

实验、实训和实习是教学过程的三个关键环节，为提高学生的实际动手能力，校内实验实训与校外实习实训的比例应逐步加大。增加课程实验和实验课程，增加研究设计性实验内容，构建从基础课到专业课、从单一实验到综合实验、从校内实验到校外实习的实验实践教学体系，分模块、成系统地培养学生的实践能力，使实践教学的内容从相对独立到学科融合。做到实验教学内容稳定化，实验课程评价制度化，实验程序标准化，四年实践环节不断线，分层次逐步提高学生的动手能力。

(3)改革教学内容，突出教学过程的实践性、开放性

要整合课程，改革教学内容，加大课程实训内容。金融会计教学团队应建立以职业能力培养为重点的课程标准，在教学过程中，可以引入金融行业职业资格证书标准或岗位能力标准来进行课程考核，可以聘请金融行业专家来学校开展金融会计实训教学指导，突出教学内容与教学活动的实践性和开放性。同时，建立多元化

的、稳定的校外金融行业实习基地，加强对实践教学的考核和管理。

（二）确定课程教学大纲

在团队认同的课程体系的基础上，教学团队要制定相应的专业课程教学大纲。可以根据各位教师的教学经验，各自提交任教课程的教学大纲，并在教研室会议上讨论。讨论是建立在相关课程大纲一起考察、修改的基础上，目的是做到大纲上统一整合，理清课程承接关系。例如，银行会计、保险会计、证券公司会计、基金会计、信托会计、衍生金融工具会计这些课程的内容既有区别又有交叉，课程大纲应当各有侧重。

（三）明确合作教学环节

教学大纲的讨论和确立使教学团队在每一门课的教学内容上都达成共识，理解自己的课程在整个课程体系中的作用。事实上，还有很多富有实效的合作教学机制，例如模拟银行这样的大型实践项目，涉及商业银行的运行和管理、银行会计核算、银行内部控制体系等，需要教学团队多个教师参与指导，每人指导的内容有分工、有合作，可以针对教师不同的教学重点，由多个教师合作教学。

三、金融会计教学团队建设过程中的注意点及难点

（一）关于教学团队建设目标和理念

作为一所体现金融行业性、应用型大学的教学团队，我们的教学团队建设应定位在服务于地方经济社会发展对金融会计理论和实务的需求，服务于金融行业会计和财务会计人才培养的需要。结合上海“两个中心”建设的需要，以学校应用型人才培养办学定位为依据，确定金融会计应用型教学团队建设方向，通过学科带头人的带动，形成合理的师资梯队，并整合校内外资源逐渐形成合力并在金融会计学学科前沿有所突破，产生一批能够引领金融会计未来发展方向并能满足金融行业需求的原创性成果，打造一支在全国会计领域有一定影响力的研究队伍。

（二）关于团队建设内容

通过凝练会计学学科方向，整合现有的会计学、财务管理和审计学三个专业，提炼金融会计研究和教学特色与优势，使“大会计”专业得到进一步发展，获得良好的效益。通过金融会计教学团队的建设，深化专业结构和课程体系的改革，促进教学内容、教学方法和教学手段的现代化。通过提升金融会计教学团队的教学和研究能力，致力于研究成果服务于学校应用型金融会计特色专业的人才培养需要，满足金融中心建设对金融会计人才的需求，进一步扩大学校在金融行业的影响力。

（三）关于团队人员结构特征

基于应用型金融会计人才核心能力培养课程的特点，因为教学内容更多体现学科交叉、理论与实践应用的有机融合，这就要求教学团队在知识结构上具有复合性和交叉性，团队整体上可以实现多学科交叉、不同学缘的融合，这样才有可能围绕核心能力培养目标，突破传统的学科桎梏，实现教学内容或课程的开发与创新。

另外，强调实践应用是应用型人才培养的特色，这就要求教学团队成员在懂得会计专业理论的基础上，成为金融行业中的专家，要了解金融行业一线的动态变化和需求，不仅善于专业理论知识的讲解和分析，更能够运用理论知识在实践中解决具体问题，应具备应用研究能力和对原有知识的综合应用能力，其能力结构应当具有互补性和职业性特征。该团队应密切关注我国会计准则改革与金融行业、金融工具的变化，并能将改革的内容迅速转化为教学内容，具有根据金融行业工作流程和岗位要求实施教学的能力，能够较好地应用现代教学手段和方法；除了搞好课堂教学、实践教学以外，还要十分重视教学研究和改革，在课程建设、教材建设、产学研结合等方面进行探索和尝试。

经过多年的探索与实践，体现金融会计专业方向特色的金融会计教学团队已基本形成，产生了一些教学成果，如省市级精品课程、金融会计特色系列教材、国家级和省市级教研教改项目等，有效地推进了教学改革，改进了教学效果，提高了教学质量，并为之持续发展和起到更大的示范效应而继续努力。

【参考文献】

1. 李鸿江，尹军.从国家级精品课程到国家级优秀教学团队的建设经验与启示[J].首都体育学院学报，2009，(7)：385－387.

2. 朱筱敏，柳广敌，吴胜和，等.加强教学团队建设，培育优秀地质人才[J].中国地质教育，2009，(1)：40－45.

3. 李兴禹.加强教学团队建设，提高人才培养质量[J].黑龙江教育（社会科学版），2008，22(6)：78－79.

4. 刘宝存.建设高水平教学团队促进本科教学质量提高[J].中国高等教育，2007(5).

5. 陈世平，彭瑶，谭伟.高校教学团队的建设与管理[J].重庆工学院学报（社会科学版），2008，22(6)：78－79.

不对称机制下巨灾债券发行的政府作为研究

刘文国

自然灾害特别是一些巨大的灾害如地震、洪水和飓风等是无法依靠人的力量来避免的，但灾区的恢复和重建需要资金来支持。金融支持是灾后重建的重要手段，金融业如何在自然灾害特别是在巨灾面前发挥作用，提供防范灾害风险的手段是金融工具研究的重要内容，金融工具的创新与发展为灾害风险管理提供了新的思路，巨灾债券就是一种为灾后重建提供财力支持的重要工具。作为灾害高发国家，我国面临严峻的巨灾风险挑战。巨灾风险管理制度和体系的建立离不开政府的支持，这是由巨灾风险公共性决定的（张宗军，2008），而保险作为传统风险分散方式，应全面参与巨灾综合风险管理（刘新立，2008）。从国际经验看，政府通过参与和建立巨灾基金分散巨灾风险承担最后再保险人的角色（Asian Development Bank，2008），但政府多大程度上参与分散巨灾风险，取决于各国保险市场的发育情况，也取决于各国政府的态度，政府在巨灾风险中的角色并没有得到完全一致的认识（Commius，2005）。除了政府和保险公司，保险证券化的发展为巨灾风险的分散提供了有利的工具。巨灾债券的发行使得保险人可以利用资本市场进行风险分散，这既是对传统再保险的补充，也是挑战。当前世界各国都在研究开发涉及巨灾补偿和灾后恢复的金融产品，使新型金融产品在巨灾补偿体系和灾后重建中扮演更重要的角色。巨灾债券是应对巨灾的一种积极有效的经济补偿手段，特别是政府的可作为性为巨灾债券的发行提供了动力。本文研讨巨灾债券发行中政府作为的作用。

一、巨灾灾害补偿体系

经济发达国家在应对重大自然灾害时，构建的灾害补偿体系分为三部分：首先是保险理赔，其次是国家救助，最后是社会救济。许多经济发达国家保险理赔占灾害直接损失的比例高达 50%，一般经济发达国家也可以达到 30%。相比之下，目前我国的保险理赔占灾害直接损失的比例是非常小的。2005 年 6 月，湖南洪灾直接经济损失超过 20 亿元，保险赔款只有 300 万元左右；2008 年，南方雪灾直接经济损失超过1 500亿元，保险赔款也只有 33 亿元左右，换算平均占比为 2%上下；特别是 2008 年的四川汶川地区地震，截至 2009 年 4 月底，四川全省共接到涉及地震的有效报案235 910件，已结案235 757件，有效案件结案率为99.94%，保险支出赔款为8.53亿元，这与近1 500亿元的直接损失没有可比价性，与许多发展中国家的水平也相去甚远。2011 年日本地震灾难造成的财产损失总额超过2 000亿美元，而商业保险所承保的金额只有 300 亿美元。相比之下，在新西兰基督城地震中，财产损失总额为 120 亿美元，而保险公司赔付约 90 亿美元。但保险公司应对巨灾也有力不从心的时候，如 20 世纪 90 年代初期发生在美国的安德鲁飓风等巨灾事件，导致世界 63 家产险公司破产。保险赔付的不足使灾后重建资金需求的来源只有依靠政府和社会救助，这对政府的财政支出就是严峻的挑战。目前，我国实行的是国家财政支持的政府主导型巨灾风险管理模式，这种单一的政府财政补偿和救助巨灾风险损失的制度很难应对自然灾害频发的形势和日益严峻的巨灾风险。事实上，由政府支出的救灾资金只是财政支出计划的一小部分，巨灾发生时，相对于灾害所造成的损失来讲，政府救济资金只是非常少的一部分。例如，在四川灾区的重建资金筹集上，中央下达四川省的恢复重建包干基金是2 203亿元，外省市援建资金约 780 亿元，香港、澳门特区援助资金约 130 亿元人民币，特殊党费捐赠 80 亿元，四川省接收的社会捐赠资金 201 亿元，由财政部提供的国外优惠紧急贷款 80 亿元。也就是说，各种外来政府性重建基金共3 400多亿元。而四川省纳入国家规划重建项目的资金需求为8 658亿元，这还不包括国家规划以外的项目，缺口达5 000多亿元。政府难以承担全部重建资金的需求。因此，对巨灾保险就提出了要求，而保险公司也难以独家提供巨灾保险服务，对巨灾的保费率出现不断攀升的状况。保险公司面对保险价格的压力，希望通过其他渠道低成本分散巨灾风险。作为传统再保险的补充方式，资本市场上一种基于保险风险分担的金融创新工具应运而生，巨灾债券就此产生。第一只巨灾债券是汉诺威(Hannover Re)于 1994 年成功发行的。

二、不对称机制下巨灾债券发行的可行性

不对称机制下巨灾债券的发行是基于保险公司与投资者对巨灾发生的概率不一致，从而导致保险公司与投资者对巨灾债券的价格的估计不一致，巨灾债券的发行者和投资者都认可各自的收益，这是巨灾债券发行的基本条件。这里我们说明一下不对称机制下巨灾债券是如何从保险负债证券化中产生的。以一年期巨灾保险合同为例：在保险合同期内，如果事先确定的巨灾保险事件发生，保险公司需支付投保人固定灾害赔款额 L；如果巨灾事件没有发生，则不支付赔款。在保单出售时，灾害赔款额 L 已知。设 Q_1 表示保险公司估计巨灾事件发生的概率，P_1 表示保险价格，那么，从保险公司角度看，保险的公平价格为：

$$P_1=\frac{Q_1\times L}{1+r}$$

其中，r 是一年期无风险利率(或贴现率)。投保人和保险监管机构都希望确认保险公司在巨灾发生时是否有足够资金履行保险合同。由于保险公司承担的是单个巨额风险，适宜的融资方法是完全融资，也就是说，保险公司要使客户确信它的资金储备超过 L。为了在出售保单之前筹措到所需资金(或同时)，保险公司通

过发行巨灾债券的方式从资本市场筹集资金。投资者知道，如巨灾发生则所持有的巨灾债券在到期时不能兑现本金（或可部分兑现利息和本金，这取决于灾害的程度），由于巨灾债券属于可违约债券，也就是说，巨灾债券具有高风险的性质，但巨灾发生的概率相对较低，巨灾债券违约的可能性很小，如果巨灾债券投资收益高则就有市场。保险公司就会发行巨灾债券，而保险公司发行巨灾债券的可行性是：在债券市场筹集资金 C 并使其满足条件：

$$(P_1+C)(1+r)=L$$

这样，保险公司就有充足资金保证支付将来可能出现的巨灾理赔。对投资者来讲，如果巨灾发生，债券价值为零；如果巨灾不发生，投资者将得到本金和息票（或部分本金和利息）。投资者的收益为：

$$R=L-C$$

设 $c=R/C$ 是息票利率，Q_2 是投资者估计巨灾债券的违约概率，债券按面值发行（设面值为 100），即投资者投资 100，一年后如果巨灾事件不发生，就得到本金 100 和利息 c，折现预期现金流为：

$$\frac{(100+c)(1-Q_2)}{1+r}$$

债券市场确定的债券单位面值发行价格为：

因 $(100+c)(1-Q_2)/(1+r)=100$，$Q_2=(C-100R)/(100+C)$。那么，从投资者角度，保险价格为：

$$P_2=\frac{Q_2\times L}{1+r}$$

显然，只要再保险市场价格 P_1 大于等于保险隐含价格 P_2，保险公司就可以正常获利，因为，此时 $(P_1+C)(1+r)\geqslant(P_2+C)(1+r)=L$。也就是说，在保单一开始，保险公司从保险市场得到资金 P_1 和从债券市场筹集资金 C 就足以支付赔款 L，这是因为 $P_1\geqslant P_2$ 等价于 $Q_1\geqslant Q_2$，因为虽然理论上巨灾债券违约和巨灾发生是同一事件，但是由于债券投资者和保险公司在巨灾信息上不对称，因此 Q_1 与 Q_2 不相等。保险公司与债券投资者相比，一方面保险公司对巨灾有关信息了解更多一些，在出售保单时采取了相对保守的态度，所估计巨灾发生概率 Q_1 会高于实际巨灾发生概率；另一方面，投资者对自己的投资行为都持有相对乐观态度，认为巨灾发生的可能性不高，债券违约的可能性很小，从而所估计债券违约概率 Q_2 会低于实际巨灾发生概率。这样一来，再保险公司估计巨灾发生概率高于债券投资者估计巨灾债券违约概率，即 $Q_1\geqslant Q_2$。因此，保险公司通过发行巨灾债券的方式积累巨灾资金是可行的和可获利的。

三、巨灾债券发行的政府作为研究

目前我国保险市场资金较为充裕，导致超赔市场的价格近几年逐年下降，购买巨灾超赔的价格较发行巨灾债券便宜，导致在目前阶段发行巨灾债券从价格角度并不划算。但是，瑞士再保险的研究报告指出，越来越多的政府部门通过利用商业保险技能和保险业不断增长的资本实力来承保巨灾损失以及众多其他类型的风险。2011 年日本地震灾难造成的财产损失总额超过2 000亿美元，而商业保险所承保的金额只有 300 亿美元。相比之下，在新西兰基督城地震中，财产损失总额为 120 亿美元，而商业保险公司将赔付约 90 亿美元，为政府的灾害救助资金支出减轻了负担。瑞士再保险在研究中发现，中央政府主要对政府财产和政府活动进行自保，而规模较小的政府部门则是通过商业保险方式，与其他政府部门进行风险共保。多数国家和地区政府亦对道路、桥梁和建筑物等政府财产进行自保。尽管许多政府采取自保或共保方式，但各国政府仍有许多机会利用商业保险的技能和不断增长的资本实力来有效分摊风险，而只保留真正无法投保的部分。通过这种方式，将灾害风险列支为预算内成本，从而可以和商业保险公司共同分担不利事件的影响。

世界各国和各地区政府正在重新考虑巨灾保险范围。日本、土耳其和我国台湾地区已出台了创新性的地震巨灾方案。墨西哥发行了 MultiCat 债券，以平缓灾难对年度财政预算的影响。这项方案使得墨西哥政府能够通过每个季度向投资者支付款项，以换取高达 2.9 亿美元的地震和飓风保险保障。

对于目前保险公司发行巨灾债券积极性不高的现状，引入政府行为即在保险公司发行巨灾债券中引入政府行为，提升保险公司发行巨灾债券的积极性和获利性，使保险公司和投资者在巨灾发生概率一致的情况下（$Q_1=Q_2$）也有收益，这就需要中央政府或地方政府为保险公司发行的相应巨灾债券提供资金支持，即在提高投资者收益和降低保险公司成本方面提供资金支持。

保险公司的收入＝保费收入 P_1＋筹集到的资金利息收入 $C(1+r)$

保险公司的成本＝债券利息支出 c

在 $Q_2=Q_1$ 的条件下，保险公司的收入等于成本，保险公司的利润为零。如政府在债券利息方面提供资金支持，则可保证保险公司的利润率和提高投资者收益，即：

$$P_1+C(1+r)=c+c^+$$

$$P_1+C(1+r)>c\ (c^+\text{为政府资金支持})$$

保险公司用通过发行巨灾债券筹集到的资金购买国债，政府提供巨灾债券利息补贴，使保险公司发行巨灾债券有利润保证。这种解决方案的特点是通过保险公司和资本市场及政府行为为巨灾债券的发行创造条件，在发生巨灾的情况下，政府的作为就更为显现，其所承担的风险也有所降低，这是政府参与巨灾债券发行的效用。这一做法变得越来越有必要，特别是针对那些真正不可保的风险提供保障，如有关整个社会的基础设施。巨灾债券利息补贴的资金也可出自政府设立的巨灾风险保障基金，使巨灾债券利息补贴的目的与巨灾风险保障基金一致，即稳定社会经济建设资金的需要，降低财政支出的波动性。

四、结论

目前,我国保险业覆盖的深度和密度还都很低,以至于在重大自然灾害造成的损失中,只有一小部分损失得到保险补偿。由此可见,我国自然灾害补偿体系中,保险公司的角色分量过低,作用十分有限。保险业自身存在的需求潜力和人们风险保障意识的提升无疑将成为保险业发展的重要动力。此外,政府还应当主动地通过购买巨灾保险来转嫁面临的巨灾风险,鼓励商业保险公司开展巨灾保险和提供相应的金融服务。为提供巨灾保险的公司提供税收优惠,对保险公司承担的巨灾损失进行最高额度的保护,成为保险公司的终极保险人。政府对于巨灾保险的赔付进行"兜底",可以增强保险公司发行巨灾债券的信心和积极性,最终政府在巨灾发生时减少了资金支出需要,为稳定社会经济的发展创造了条件。

【参考文献】

1. 郭江明,范倞.论风险投资机制的建立和完善[J].经济问题,2005,(10).

2. 卢志勇,黎鹏.我国风险投资退出机制比较研究[J].时代经贸,2008,(11).

3. 闻岳春,梁悦敏.支持技术创新发展的政府主导型风险投资机制设计[J].上海金融,2008,(10).

4. 刘新立.中国巨灾综合风险管理中保险的角色[J].保险研究,2008,(7),9－11.

5. 杨春风.论我国巨灾风险管理制度的建立[J].保险研究,2008,(7),18－19.

6. 张宗军.基于公共性基础上的巨灾保险制度研究[J].保险研究,2008,(7),15－17.

7. 栾存存.保险在资本市场上的金融创新工具——巨灾债券[EB/OL].http://www.yrdanbao.com/shownews.asp? id＝76.

创业金融与政府行为研究

刘文国

我国目前的银行体系中，缺乏与创业融资结构相匹配的银行，从政策银行体系及商业银行体系看，没有专门针对科技型中小企业、高新技术园区和国家重大科技专项提供金融服务的银行，也没有针对创业、创新和高新技术产业化的专门金融业务组织。政府对创业企业的资金支持的使用效益也难有保证。提升政府资金的使用效益和发挥政府在创业金融体系建设中的作用就显得十分必要，本文主要研究政府在创业金融体系中的可作为性。

一、创业金融体系及其作用

相对于一般意义上的金融体系，创业金融体系是指服务于创业企业融资的经济体系，它是资金流动的工具（金融资产），是市场参与者（投资机构、传统金融机构、中介机构等）和交易方式（市场）等各金融要素构成的综合体。同时，由于创业金融活动具有很强的外部性，在一定程度上可以看作准公共产品，因此，政府的作为和管制框架也是创业金融体系中一个密不可分的组成部分。这个体系围绕创业企业融资和创业企业服务，构成了其独特的内容。创业金融体系的重要作用主要体现在如下几个方面：

(1)创业金融体系是创业企业的融资服务平台，传统意义上的金融市场对创业企业融资有太多限制和较高的门槛，而创业金融体系可以借助政府创业基金、风险投资公司资金和银行资金的整合为创业企业提供融资平台和寻求融资的可能性。

(2)创业金融体系有利于创业企业达到其融资绩效。早在20世纪初，熊彼特(Schumpeter，J.)在其《经济发展的理论》(1912)中就指出，金融机构的资金供给和信用创造对于经济发展起着重要的作用，任何事业都需要并期待着金融机构的资金支持。创业企业在刚开始时面临很多困难，因其只拥有专利（新产品）或创意，专利或创意要成为产品则需要资金的支持，企业要成功则要为产品找到市场，其中一个重大困难就是不能达到预定的融资目的，很多企业就是没能筹到足够的资金而中途夭折了。创业金融体系的首要作用是让那些有良好创意和技术的企业和个人，只要找到志同道合的共同创业合作伙伴且计划可行，就能找到一定的资金以支持他们创业。

(3)创业金融体系有利于降低融资成本。融资成本是资金所有权与资金使用权分离的产物,融资成本的实质是资金使用者支付给资金所有者的报酬。创业企业融资是一种市场交易行为,有交易就会有交易费用,资金使用者为了能够获得资金使用权,就必须支付相关的费用。创业企业融资成本实际上包括两部分,即融资费用和资金使用费。创业金融体系的建立有助于创业企业降低融资成本,这是创业金融体系的特征所固有的。创业金融体系的服务对象是创业企业,创业企业在政府的创业基金和创业金融体系中的信用机制的作用下降低融资成本就成为可能。

(4)创业金融体系有助于提高资金的使用效率。金融市场是指资金供应者和资金需求者双方通过信用工具进行交易而融通资金的市场。该市场起着调节资金流动的作用,从而使资金的使用效率最大化。这是传统金融体系的理想状态。在创业金融市场中,同样存在这一状态,创业金融体系的构建可以使资金的流动更有序,因为可以促使市场上的部分资金流入创业企业,有利于创业企业的发展和成长。创业企业是一个高风险,同时蕴涵着高回报的企业组织,而风险投资者和风险投资机构偏好投资于创业企业,为创业企业融资和共同管理提供了有效途径。

由于创业金融体系的特殊性和风险性,创业金融体系需要得到政府的资金支持和服务才有提高效益的可能,因此,创业金融体系应该是一个由政府、创业企业(创业者)及其亲友、风险投资机构、银行及其他金融机构和中介组织等要素构成的相互影响、相互作用的系统。政府在创业金融体系中的作用主要体现在资金支持、为创业金融提供服务和在创业金融市场的设立上提供政策和监管。

二、创业投资与政府创业保险基金

创业企业需要投资资金,风险投资公司难以承受创业企业的投资风险,政府对创业企业在政策上是大力支持,但在资金支持的规模上难以满足创业企业的需求,这是摆在三者面前的难题。由于创业企业资金的外部来源主要出自风险投资公司和政府对创业企业资金的支持,而国内风险投资公司规模有限,创业风险投资资金主要是由政府提供,因而导致了我国现有创业风险资本的规模较小,影响了创业企业的发展速度。因此,如何拓宽我国创业风险资本的来源渠道、改变单一的创业风险资本结构,是我国急需解决的重大问题。各级政府出资建立的风险投资公司是风险资本运作体制的致命缺陷。创业投资是一种风险极大的特殊的投资活动,如果没有一批具有风险投资管理专业知识和经营技能的职业风险投资家,创业投资活动是不可能成功的。实践证明,这种模式不能适应创业风险投资的特点和动作规律,无论是中国还是外国,采用这种模式的无一例外地遭到了失败。这是因为在政府出资建立公司的模式下,无论设计怎样周密的监督代理人方案,还是难以解决所有者虚置的问题,当然更无法建立有效的激励机制。例如,受政府控制的美国小企业风险投资公司大多归于失败,由于小企业风险投资公司可从政府得到低息贷款,利息差的诱惑以及还贷的压力诱使一些小企业风险投资公司倾向于向那些已有现金流入的处于扩展期以后的各个时期的公司提供债权融资以博取利差，而不是为那些创业企业提供融资，由于政府的大力支持，政府只是出资人（发起人每投入1美元到风险投资项目中，便可从政府得到4美元的仅为2%的低息贷款，同时还可享受特定的税收优惠），但不充当风险资本家的角色，同时缺乏对风险投资家的激励机制，因此，小企业风险投资公司很难培育和吸引高质量的风险资本家，这使得这一时期的小企业风险投资公司大多缺乏市场竞争力，反而因管理不善造成亏损，最终不得不倒闭。

创业投资资金规模的限制对于创业投资来讲是一个很大的制约，没有足够的资金规模和抗拒风险的能力，使得创业投资者没有输的勇气，因为一旦投资失误，可能就很难翻身。而对于创业投资来讲，创业的高风险就意味着高失败率。因此，风险投资机构总是要对创业投资项目进行严格的挑选。

如何扩大创业风险投资资金规模，是摆在各级政府面前的重要任务。政府在创业风险投资方面的资金与社会资金相比总是有限的，且政府出资建立的创业风险投资机构也缺乏足够的专业风险投资管理专家，因此，建立以政府出资的创业风险投资保险基金对创业风险投资进行保险，引入其他资金和投资机构进入创业风险投资领域是促进我国创业风险投资事业发展的重要措施，与非政府风险投资机构的合作对促进创业企业的发展有着积极意义。政府只是对创业风险投资项目提供保险资金而不参与被投资对象的管理，政府认为某个高新技术企业或项目对促进经济建设和社会发展有利，创业风险投资保险基金就可为这个企业或项目提供保险（或担保），风险投资机构出资和参与创业企业管理，这样风险投资机构的投资风险有创业风险投资保险，投资损失的承受力得到提高，在有效降低风险概率后，对其他各类资金进入创业企业也起到了示范和引导作用，特别是对养老金、私人资金、银行和保险机构资金的进入提供了条件。

创业风险投资保险基金的运转对扩大风险投资资金的规模也有促进作用。在有创业风险投资保险后，创业投资风险得到控制，可有效吸引其他风险投资机构资金参与创业投资项目，在风险投资资金的参与下，创业投资保险基金就具有杠杆作用。一个创业投资项目的保险资金需求不等于创业投资资金规模，如一个创业投资项目的规模是1 000万元人民币，假设创业投资保险金是投资规模的20%，则政府出资建立的创业投资保险基金就具有5倍的放大系数，也就相当于政府的风险投资资金扩大了5倍，原来政府的1 000万元人民币只能投资一个项目，现在可以为5个投资规模为1 000万元人民币的项目保险；另外，创业投资保险基金可吸引更多的非政府投资机构参与技术创新项目投资，对促进高新技术产业的发展将有积极意义。

在非政府风险投资机构进入创业投资领域后，政府资金将只作为扶持高新技术产业发展的保险资金，不谋求商业利益，这种模式符合我国现阶段促进高新技术产业发展的需求。而非政府风险投资机构是以商业模式运营的，它们在政府的创业保险资金支持下开展创业投资项目，商业利益有所保证，风险和收益的均衡关系向收益方向倾斜，有利于更多的其他资本进入创业投资领域，形成投资资本的竞争；有利于发挥专业风险投资家的技能，提高创业企业和项目的成功率。

三、创业金融市场构建与政府作为

金融市场的作用是有利于提高社会资金的使用效率。资金在市场上的融通也有利于发挥资金的规模效益，而且资金融通能及时满足商品生产和商品流通变化的需要，有效地促进全社会生产要素的合理配置。由于创业企业的特殊性，创业企业难以在传统的金融市场筹集所需资金，因此，建立创业金融市场是政府在扶持创业企业发展方面有所作为的一个重要方面。创业金融市场的设立是政府的专利，只有政府设计出一个有效的创业金融市场框架并予以大力支持，我国的创业金融体系才能有效运行。建立场外交易市场就是政府作为的重要举措。

建立场外交易市场是有效提升创业企业筹资效率的措施。场外交易市场主要是针对创业企业的资本市场，主要为创业企业提供小额、标准化程度不高的股份的流通。由于创业企业资本规模小，盈利能力不稳定，处在发展初期，企业主营业务比较单一。因此，场外交易市场的上市条件低于主板市场[如美国的OTCBB(针对中小企业及创业企业设立的电子柜台市场)和粉单市场挂牌交易股票没有资金规模要求，只要披露企业财务报告即可]。在场外交易市场上市的企业由于具有规模小、增长潜力大的特征，与主板市场相比较，场外交易市场上市公司一般都要求有高度集中的业务范围、严密的业务发展计划、完整清晰的业务发展战略和较大的业务增长潜力等特征。由于场外市场的上市标准低于主板市场，上市费用也较低，因此成为创业企业股份的流通场所。场外交易市场为这类企业的股份提供了流通场所，提高了创业企业股份的流动性，对改善创业企业的融资环境起到了一定的作用。因此，分层次的证券市场结构不仅适应了企业不同成长阶段的融资需要，而且保证了公司质量，从而奠定了证券市场健康发展的制度基础。

四、创业金融体系中的资金管理与政府作为

资金是企业生存和发展的基础，尤其是对创业企业。创业企业筹资难是由于企业缺乏可验证的信用记录和资产抵押物，外界也不了解创业者本身的信用及企业的资金管理方法和制度。特别是对创业企业从政府创业基金获得的资金支持，如何监督和评价创业企业对这部分资金的使用效益目前还是空白。为促进创业企业的发展，政府有必要对创业企业从政府获得的资金进行监督和评估，以提高资金的使用效益。对创业企业从金融机构筹得资金开展评估，也有助于创业企业建立商业形象和商业信用。资金使用效益评估和监督需要有一个组织来实施，政府可以在创新创业园区建立资金使用效益管理和评估机构(如创新创业金融服务中心)，评估和监督创业资金的使用效益，为创业企业建立资金使用的信用记录。创

业金融中心通过集成政府、风险投资公司、商业银行、保险公司、担保公司等各类金融服务资源，以“政府主导、企业创业需求导向、金融服务合作联运”为原则，成为不同发展阶段的创业企业金融综合服务平台。该中心的主要任务是协调创业企业、金融机构和政府三方的需求，可设立金融信息交流平台、提供融资需求申请和受理服务、开展征信体系建设、提供融资解决方案、融资机构对接和资金使用效益评价等服务和管理功能，实现信息共享、业务协同、工具创新、方案优化，这是创业金融体系的重要组成部分。创业金融服务中心的设立有利于加强创业企业与金融市场的联系，有利于创业企业信用的建立，为创业企业加强资金管理提高资金使用效益提供了依据，为提高政府的服务质量和政府资金使用效益创造了条件。

五、结论

创业企业属于高风险企业，且又是社会经济发展的领头企业和基本力量，创业企业的发展是经济可持续发展的根本推动力量，也是提高国际竞争力的根本保障。如何促进创业企业的发展是全社会都关心的事，传统意义上的金融体系对创业企业难有帮助，建立新的创业金融体系是促进创业企业发展的必要手段。创业金融体系本身就带有“创业”两字，创业就意味着风险，在风险和收益不确定的情况下，传统意义上的金融体系是不愿意提供资金支持的，所以，社会经济发展有需要，传统意义上的金融体系难有作为，这时政府就有义务和必要为创业企业提供金融服务，政府可提供创业资金支持和引导社会资金进入创业企业投资领域，为创业企业提供金融服务，提供资金建立创业投资保险基金、场外交易市场、创业资金服务和管理组织，这些具体举措对建立和完善创业金融体系是十分必要的和有效的。为促进创业企业的发展，就需要建立和完善能有效地动员和集中创业资本、促进知识向高新技术转化、加速高新技术成果商品化和产业化进程的创业金融体系。建立和完善创业金融风险投资机制，对于推进技术创新体系建设，提高国民经济整体素质和综合国力，实现跨越式发展具有重要意义。建立有效的创业金融体系和机制，对于高新技术的开发及其成果的产业化具有重要作用。

【参考文献】

1. 薛永基.我国创业金融体系构建及其运行机制研究[J].金融与经济，2008,(4).

2. 郭江明，范傢.论风险投资机制的建立和完善[J].经济问题，2005,(10).

3. 卢志勇，黎鹏.我国风险投资退出机制比较研究[J].时代经贸，2008,(11).

4. 闻岳春，梁悦敏.支持技术创新发展的政府主导型风险投资机制设计[J].上海金融，2008,(10).

5. 陈倩媚.商业银行在创业金融体系中的定位调整与策略[J].学术交流，2011,(8).

6. 姚梅芳.我国创业融资金融体系创新研究[J].经济纵横，2006,(2).

上市商业银行澄清传闻公告的效果研究①

——基于美国雷曼兄弟控股公司正式申请破产保护影响的公告证据

马　颖

一、文献回顾

市场传闻是一种未经证实就开始在市场上流传的信息，凡有市场的地方一定有传闻。在市场传闻效应研究中，Gao & Oler(2008)通过分析美国1990～2001年接管目标公司的股票在公布接管之前的交易活动，发现有无传闻的目标公司股票的收益和交易量模式不同，证实传闻对交易行为影响的显著性。Difonzo & Bordia (1997)则利用实验方法在金融市场背景下进行传闻实验，考察传闻如何影响预测和交易行为。有些研究认为传闻在公布前对交易行为产生显著影响(Zhou，Tian &Yin 2010 ；Clarkson，Joyce & Tutticci 2006)，而有些研究证实了传闻在公布后对交易行为产生显著影响。Dauchy(2006)利用路透社和彭博资讯关于银行的消息，分析了央行干预传闻对外汇市场参与者行为的影响，结果表明干预传闻往往会增加外汇市场的波动性。Steele，Smith & Mcbroom (1999)认为，负面信息对消费者态度和购买意图的影响大，比同样或甚至更多数量正面信息的影响要大。Michelson & Mouly (2004)对传闻影响的性质和结果的类型进行研究，认为传闻对组织的影响既可能是积极的，也可能是消极的；结果既可能是有意识的，也可能是无意识的。当市场环境合适，如外部经济环境骤变或是突发事件可能带来影响时，市场传闻就会愈演愈烈，影响市场参与者的交易行为，对公司股价会产生影响，有些负面传闻的影响甚至是灾难性的。

针对市场中存在的各种猜测和传闻，上市公司常常会选择处理传闻的策略：是忽略还是处理。仅当传闻被认为是无害的，并且会自行消失时，才能选择忽略；如果需要处理，有不做评论、证实和驳斥三种策略。如果采取不做评论的策略，会传达隐藏事情的信息给公众，增加不确定性；采用证实策略，可以减少它的不确定性；采用驳斥策略可以控制它所带来的损失，降低后来者感染它的概率。上市公司通过公告进行澄清是证实和驳斥策略的主要手段之一，作为临时公告的一种，其主要

① 本文得到中央财政资助项目高素质应用型金融会计创新团队项目和上海市会计学会课题的支持，发表于2012年6月《宏观经济研究》。

目的就是期望减少传闻的负面影响，有时甚至是挽回股价。于忠泊、田高良和曾振(2012)研究证明了临时公告对资本市场信息环境的积极提升作用，发现临时公告可以提高股票价格中公司个体层面的信息含量；临时公告使得公司信息传递更加平稳，降低了股票价格暴跌的风险。根据有效市场假说理论，澄清公告会使公司股价迅速恢复到传闻前的正常状态，应该可以抵消前期传闻的影响。但是心理学研究发现，传闻的澄清效果受到多种因素的影响：如人们对信息内容产生的反应，信息表述的方式，人们对信息的认知，信息呈现的情境等。Difonzo &Bordia(2007)认为，在对传闻进行反驳时提供详细的信息和有力的证据，可以显著降低问题的不确定性。而 Zhang(2006)认为，在金融市场中不确定性的降低意味着信息有效性将得到提高。Iyer & Debevec(1991)则发现可靠来源有很强的说服性，可以产生显著的态度改变。张宁和刘春林(2012)从澄清公告的详细性作用，通过1999～2009 年中国 A 股市场中企业针对市场负面传闻发布的澄清公告样本进行研究，发现在中国证券市场中，企业针对市场传闻发布的澄清公告，有的内容比较详细，往往引用相关证据对市场传闻进行反驳；有的内容相对简略，很少采用事实证据否认传闻信息。投资者对澄清公告反应不足，而详细澄清能够在一定程度上提高澄清公告的信息有效性。在企业澄清措辞在不同市场环境下的作用机制研究中，张宁和刘春林(2011)发现：在牛市中，澄清措辞越强硬，澄清公告效果越好；在熊市中，它们的关系并不显著。结论揭示了证券市场中信息决策过程的特殊性，提示上市公司在牛市中要特别注意澄清公告的表述方式。

本文借鉴目前为数不多的关于澄清公告效果研究的成果进行典型案例研究，以金融危机爆发时最具代表性的特定事件——美国雷曼兄弟控股公司正式申请破产保护时，市场对其给我国上市商业银行带来的影响猜测及传闻蔓延为研究背景，以当时上市商业银行的不同处理策略为研究样本，对其澄清公告特征以及效果进行研究，力求探讨澄清传闻公告的市场反应以及有效特征，为今后公司澄清公告提供新思路。

二、研究设计

(一)样本选取

2008 年 9 月 15 日，美国雷曼兄弟控股公司正式申请破产保护的消息立刻在我国证券市场中引起对我国商业银行影响的各种猜测和传闻，当时我国的上市商业银行有 14 家，其中 9 家进行了临时公告澄清传闻，5 家未采取处理策略。本文选取此进行了临时公告的 9 家上市商业银行为研究样本，市场交易数据全部引自 CSMAR 市场交易数据库，临时公告以及有关财务指标分别来自上海证券交易所和深圳证券交易所的上市公司临时公告和 2008 年度中期年报。数据处理采用 SPSS17 计量软件。

(二)研究方法

本文采用事件研究法，基本原理是在理性市场的前提下，某种事件的发生会立即影响证券价格等的波动，通过观察事件发生日前后某段时间内相应证券价格等的波动变化就能够衡量该事件的发生所产生的影响与后果。本文对澄清公告的市场效果将从两个方面进行实证检验：一是检验在事件窗内样本股票的每天累计超额收益率是否显著不同于零，二是检验其股票的市场流动性是否显著变化。另外，本文也将检验澄清公告中不同的解释方式所带来的影响，根据银行公告内容划分成强势否定关系的强势否认组（简称强否组）、斟酌谨慎用词弱势解释影响关系和后果的弱势解释组（简称弱解组）。本文将上市商业银行澄清公告日的时间 T 设为 0，对事件窗口的设定，考虑到美国雷曼兄弟控股公司正式申请破产保护的消息传闻影响到上市商业银行澄清公告日的时间在一周左右，同时市场有延迟反应，因此把（−10，10）定义为事件期。

1. 对股票累计超额收益率影响的研究方法

选取样本原始数据。以在上市银行公告日前 150 个交易日该股票的日收益率，及相应的指数（代表市场平均价格）等权平均市场日收益率为原始数据。以公告日（−150，−31）为交易日，等权平均市场日收益率为基准收益率，CAPM 模型为估计模型，其所估计的预期收益率与实际收益率之间的差异作为日超额收益率 AR，每日的所有个股的 AR 求均值，即可得到事件期（−10，10）内每日的均值超额收益率 AAR；计算个股在事件期每日累计超额收益率 CAR，将每天的所有个股的 CAR 求均值，可得到事件期限内每天的 CAR 的均值 $CAAR$。

2. 对股票市场流动性影响的研究方法

股票流动性的度量方法有：与交易量相关的方法，与时间相关的方法，与价差相关的方法以及价量结合的方法。Martin（1975）指出，流动性比率与证券市场的总体价格走势正相关，而与价格波动负相关，因此，他提出用每日价格变化幅度的平方与每日交易量之比来衡量流动性。马丁指数越大则流动性越低；反之，则流动性越高。采用 Martin 流动比率来衡量流动性，计算方法如下：

$$\text{Martin 流动比率 } L = \frac{\sum_{i=1}^{n}(p_{it} - p_{it-1})^2}{v_{it}}$$

利用价量结合的方式，用修订的 Martin 流动比率来衡量股票的流动性，指标没有量纲，消除了绝对价格和流通股本的影响。本文借鉴使用修订的 Martin 流动比率：

$$\text{修订的 Martin 流动比率 } ML = \frac{/p_{it} - p_{it-1}/p_{it}}{v_{it}/n}$$

其中，p_{it}，p_{it-1}分别为 t 和 $t-1$ 日的收盘价，v_{it} 为 t 日的成交量，n 为流通股股数。修订后$/p_{it} - p_{it-1}/p_{it}$反映价格的相对变化，$v_{it}/n$ 为换手率，修订后的指标反映单位换手率对价格的影响，同样，修订指数越大则流动性越低，反之则越高。

（三）检验方法

运用 SPSS17 软件中的单样本 t 检验方法，分别对 AR、CAR、AAR、$CAAR$ 进

行检验，检验其均值与0是否无显著差异。在通过显著性检验的条件下，若 $CAR>0$，则说明在事件期内，公告为投资者带来了超额收益，增加了公司价值，也说明澄清公告有效遏制传闻的负效用；相反，若 $CAR<0$，则说明澄清公告并未产生超额收益，或者产生负的超额收益，损害了投资者的利益，同时说明市场对澄清公告无反应，或是加大了对传闻的证实，澄清公告无效果。若 CAR 持续上升，则表明市场对公告日的信息做出了持续性的正向反应，买入股票仍然可以获取累计超额收益；若 CAR 下降，则表明市场对事件信息做出了持续性的负向反应。

对修订马丁系数即股票市场流动性指数均值在公告前后的差异比较进行检验，若通过显著性检验的条件，说明澄清公告带来股票流动性显著的变化。指数平均值减少说明市场对公告反应带来股票流动性的增强；指数平均值增加说明市场对公告反应带来股票流动性的减少。

三、实证结果与分析

（一）上市商业银行澄清公告的特征描述

2008年9月15日，美国雷曼兄弟控股公司正式申请破产保护，我国14家上市商业银行中，9家进行了临时公告澄清传闻，5家未采取处理策略。公告概况如表1所示：

表1　　上市商业银行澄清公告的特征描述

临时澄清公告	未发布	5家
	发布	9家
公告中披露的相关风险敞口	平均值（万元）	7 427.111
	最大值（万元）	19 140
	最小值（万元）	0
	中位数（万元）	7 002
	标准差	6 369.612
	未进行风险评估及计提减值准备	7家
公告披露影响程度	没有任何影响（强否）	2家
	表示不会对财务状况产生重大影响（弱解）	4家
	表示关注，进行风险评估以及按规则披露（弱解）	3家
距离引起传闻影响事件的公告时间	1天后	1家
	2天后	1家
	3天后	3家
	4天后	2家
	7天后	2家

（二）对股票累计超额收益率影响的实证结果与分析

根据以上的数据处理原则及方法，得到数据处理结果如图1、图2、图3所示。分别对 AR 和 CAR 及其均值进行单样本 t 检验，检验其均值与0是否存在无显著差异，检验结果见表 2 和表 3。

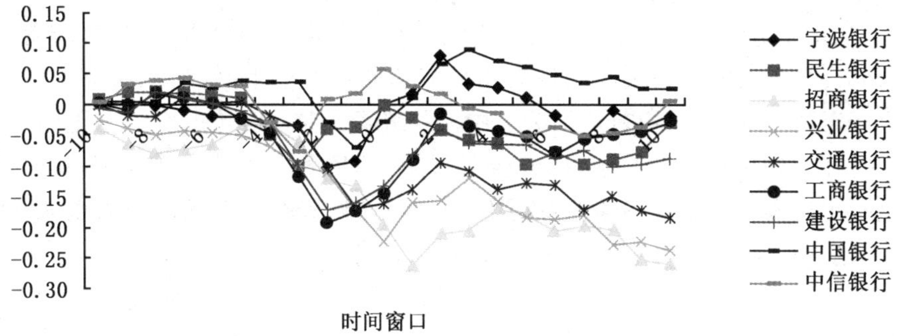

图 1　商业银行澄清公告反应 *AR* 时间序列

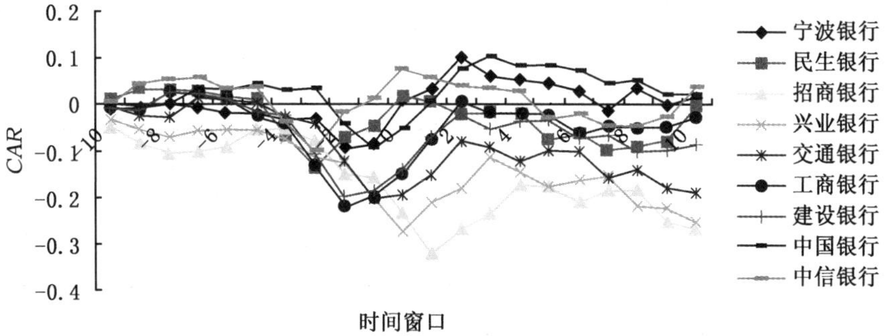

图 2　商业银行澄清公告反应 *CAR* 时间序列

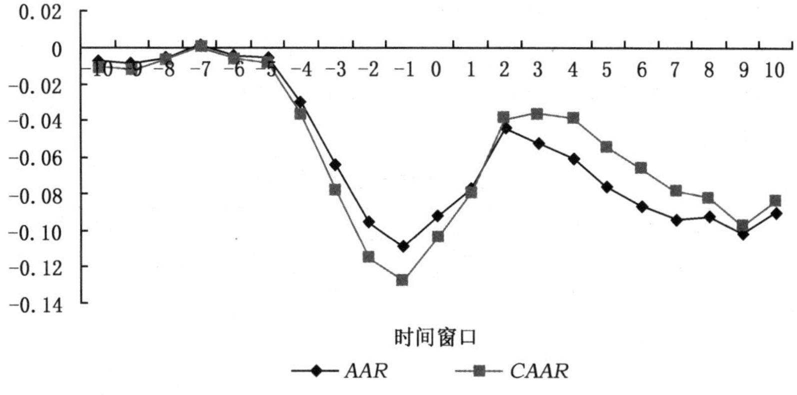

图 3　商业银行澄清公告反应 *AAR* 和 *CAAR* 时间序列

从图 1、图 2 来看，发现 9 只样本的 *CAR* 值和 *AR* 值在公告前的窗口内大部分为负，特别是在 $T=-3$、$T=-2$、$T=-1$ 时间上，不论是 *AR* 还是 *CAR* 都显出较大负向变动，产生了显著的股价负效应，可以认为是银行受美国雷曼兄弟控股公司正式申请破产保护影响的市场传闻起到负面效应；观察在 $T=0$ 即公告当天的 *AR* 值和 *CAR* 值，可以看到公告当天超常收益小于零的样本数占大多数，但由于宁波银行和民生银行的公告表明未持有雷曼兄弟债券及衍生品，反映的当天超常收益是大于零的，说明上市银行澄清公告中做强势否认对其股价的影响是正向的；而其他银行在公告中做了弱势解释，公告当天的 *CAR* 和 *AR* 都小于零，但其做出的澄清是指出持有的雷曼兄弟债券及衍生品的风险敞口较小，对其财务无重大影响，从公告日后第二天开始的事后期观察，发现大部分样本的 *CAR* 值虽然仍为负，但开始逐渐持续上升，有的开始大于零，说明市场对澄清公告有反应，虽在短期内表现不是十分强烈，但还是对公告日的信息做出了持续性的正向反应。为弄清澄清公告中强否和弱解的市场反应，本文将样本分成了强否和弱解两组，这两组具有配对关系，且来自的总体服从正态分布，对其 *CAR* 均值做的配对检验结果如表 2 所示，发现强否澄清公告比弱解公告具有显著的正效应，市场反应剧烈，并带来了超额收益。

表 2　　强否和弱解 *CAR* 均值配对检验结果

	成对差分							
				差分的 95%置信区间				
	均值	标准差	均值的标准误	下限	上限	*t*	*df*	Sig.(双侧)
强否－弱解	0.040727524	0.034936231	0.007623711	0.024824742	0.056630305	5.342	20	0.000

本文对 *AR* 和 *CAR* 做了单样本检验，如表 3 和表 4 所示。从表 3 中对 *AR* 与 *CAR* 的检验结果以及表 4 中对 *AAR* 与 *CAAR* 的检验结果看，事件期内的 *AR* 的绝对值都很小，且在大多数时间内都通过显著性检验，说明澄清公告引起了市场关注，市场对澄清公告的消化很快。*AAR* 与 *CAAR* 都通过 5%显著水平下的显著性检验，进一步说明市场关注了澄清报告，表现出虽没有迅速扭转股价负面影响的局面，但短期内对股价继续下跌的趋势有一定的遏制，与图 3 中 *AAR* 与 *CAAR* 时间序列走势也相吻合。

表 3　　澄清公告事件的单样本检验

t-test value=0				
事件窗口	澄清公告事件 *CAR* 单样本检验 *df*(8)		澄清公告事件 *AR* 单样本检验 *df*(8)	
	均值 $n=9$	*t*	均值 $n=9$	*t*
−10	−0.0107	−1.77	−0.00712	−1.49
−9	−0.01242	−0.95	−0.00896	−0.92
−8	−0.0073	−0.43	−0.00546	−0.43
−7	0.000979	0.06	0.001183	0.10
−6	−0.00655	−0.48	−0.00515	−0.48

续表

t-test value=0				
事件窗口	澄清公告事件 CAR 单样本检验 df(8)		澄清公告事件 AR 单样本检验 df(8)	
	均值 n=9	t	均值 n=9	t
−5	−0.00802	−0.69	−0.00614	−0.63
−4	−0.03641***	−3.64	−0.02977**	−3.18
−3	−0.07776***	−4.18	−0.06418***	−4.04
−2	−0.11481***	−5.10	−0.09564***	−4.40
−1	−0.12826***	−4.85	−0.10933***	−4.78
0	−0.10408**	−2.54	−0.09209***	−2.78
1	−0.0804*	−1.92	−0.07746**	−2.39
2	−0.03826	−0.95	−0.04346	−1.35
3	−0.03686	−1.08	−0.05247	−1.80
4	−0.03917	−1.31	−0.06115*	−2.22
5	−0.05428	−1.82	−0.07652***	−2.81
6	−0.06577*	−2.25	−0.08651**	−3.20
7	−0.07887**	−3.14	−0.09394***	−3.69
8	−0.08285**	−2.70	−0.09203**	−3.09
9	−0.09803**	−2.96	−0.1021**	−3.25
10	−0.08324*	−2.04	−0.09013**	−2.49

注:*** 表示变量在 1%的水平上显著,** 表示变量在 5%的水平上显著,* 表示变量在 10%的水平上显著。

表 4　　澄清公告事件期内 AAR 与 CAAR 的单样本检验结果

	检验值=0					
					差分的 95%置信区间	
	t	df	Sig.(双侧)	均值差值	下限	上限
CAAR	−6.543	19	0.000	−0.05761805	−0.0760507	−0.0391854
AAR	−7.019	19	0.000	−0.05956535	−0.0773264	−0.0418043

(三)对股票市场流动性影响的实证结果与分析

股票流动性平均指数的数据处理结果如图 4 所示,观察可见修订马丁系数均值在 $T=-3$、$T=-2$、$T=-1$ 时间上有较大增加,说明股票的市场流动性大幅度降低,时间上接近美国雷曼兄弟控股公司正式申请破产保护的时间,我国银行可能受影响的市场传闻起到负面效应,投资者以观望为主,这与前面对 CAR 实证分析的结果相吻合,市场出现公告前的价量降低。澄清公告当天股票流动性平均指数大幅下降,股票的市场流动性骤增,但而后的第 1 天又出现了指数骤增,流动性降低，直到事件后第 2 天指数才开始逐渐下降，但后期又有增加，可见公告引起市场在股票流动性上的反应是在事件后观察期虽逐渐增强趋势，但并没有带来股票流动性上的剧烈增加。

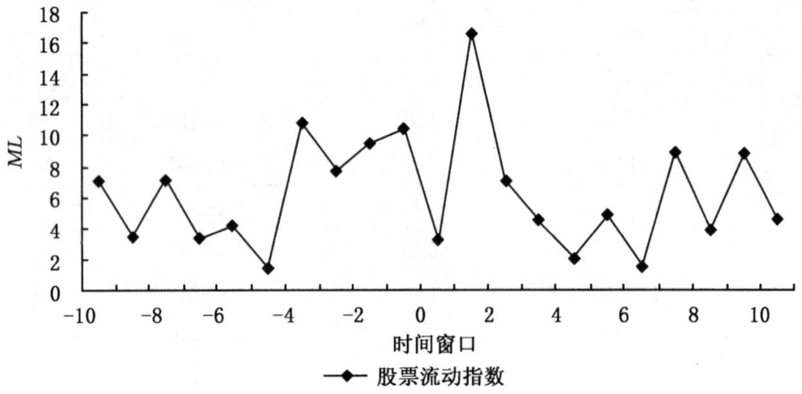

图 4　股票流动性指数时间序列

本文对股票流动性指数单个样本的检验结果如表 5 所示，全部通过显著性检验，说明澄清公告对股票流动性影响是显著的，公告当天市场反应剧烈，股票流动性大幅增加，而后出现显著的指数波动，说明市场从一定时间期间累计的角度还是对澄清公告做出了激烈反应。

表 5　股票流动性指数单个样本检验

时间窗口	修订马丁系数单个样本检验　检验值=0　$df(8)$		
	t	均值差值	均值
10	3.144	4.554959222	4.55495922**
9	2.588	8.868066000	8.86806600**
8	2.013	3.934637444	3.93463744*
7	3.167	8.905687889	8.90568789**
6	3.546	1.522706333	1.52270633***
5	2.601	4.881437222	4.88143722**
4	2.462	2.110576222	2.11057622**
3	2.188	4.584417778	4.58441778*
2	3.644	7.060421222	7.06042122***
1	3.441	1.653810344E1	16.53810344***
0	3.076	3.312612889	3.31261289**
−1	3.128	1.050393133E1	10.50393133**

续表

时间窗口	修订马丁系数单个样本检验　检验值=0　$df(8)$		
	t	均值差值	均值
−2	4.350	9.538867444	9.53886744***
−3	4.136	7.719301444	7.71930144***
−4	3.317	1.081577067E1	10.81577067**
−5	4.019	1.451478889	1.45147889***
−6	3.132	4.267195000	4.26719500**
−7	4.693	3.372631778	3.37263178***
−8	4.121	7.219201889	7.21920189***
−9	3.168	3.477127889	3.47712789**
−10	4.757	7.075856889	7.07585689***

注：***表示变量在1%的水平上显著，**表示变量在5%的水平上显著，*表示变量在10%的水平上显著。

为进一步检验澄清公告内容的影响，本文同样将样本银行分成强否组和弱解组，实证对股票流动性的影响，数据结果如图5所示。数据清晰地表明强否组和弱解组在公告前三天呈现同样的平均指数上扬，体现出雷曼兄弟事件的影响，带来市场对股票流动性的减弱，但公告以及公告后的观察期，强否组的股票流动指数明显快速持续下降，股票流动性增强，而弱解组下降幅度不如强否组，说明市场对于完全否定传闻影响的澄清公告反应强烈，并显出对股票流动性增强的效应。这两组具有配对关系，且来自的总体服从正态分布，对其 ML 均值做了配对检验，结果如表6所示，发现强否澄清公告比弱解公告具有显著的正效应，市场反应剧烈，带来了股票流动性的增强。

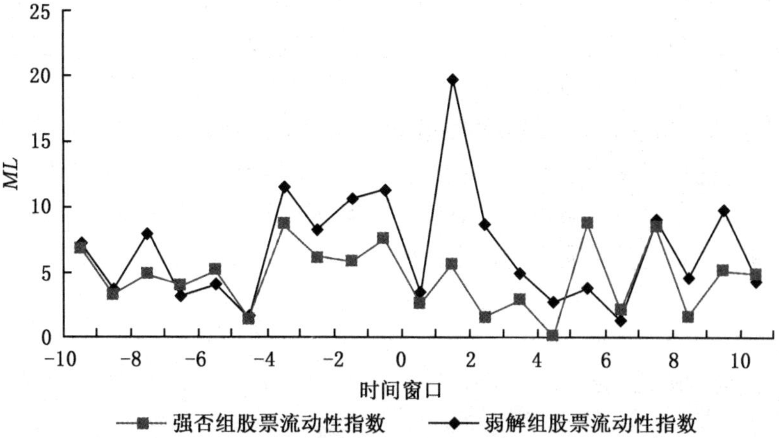

图5　上市银行澄清公告强否组和弱解组股票流动性指数时间序列

表 6　　强否和弱解 *ML* 均值配对检验结果

成对差分								
				差分的 95%置信区间				
	均值	标准差	均值的标准误	下限	上限	t	df	$Sig.$(双侧)
强否－弱解	−2.108066095	3.777037758	0.824217211	−3.827353070	−0.388779121	−2.558	20	0.019

四、结论与局限性

(一)研究结论

本文利用事件研究法,以我国上市银行针对美国雷曼兄弟控股公司正式申请破产保护对其影响的市场猜测及传闻的澄清公告为研究样本,进行澄清公告效果市场反应的研究检验。根据前面的实证结果和分析,得到以下结论:

(1)上市银行澄清传闻对股票累计超额收益率影响是显著的,公告引起了市场关注,澄清信息的传递虽然在短期内 CAAR 值小于零,带来负的累计超额收益,没有扭转传闻带来的对股票价值影响的负效应,但长期会对股价继续下跌的趋势有一定的遏制。发布强势否定澄清公告银行的 CAR 值和 AR 值在公告当日就大于零,并在窗口公告后期持续正向变动,受到市场强烈反应,带来正的超额收益,澄清公告带来显著的市场正效应,澄清效果好。

(2)上市银行澄清传闻对股票流动性影响是显著的,公告带来了股票流动指数的显著变化,市场反应为股票流动性的较剧烈波动。公告当天市场对澄清公告的反应较快,股票流动性显著增加,但市场消化澄清公告传递的信息发生短期内剧烈波动,窗口公告后期则体现对股票流动性显著增加的影响。发布强势否定澄清公告的银行,澄清公告带来显著的市场正效应,股票流动性显著增加,澄清效果好。

(二)研究局限

本文采用的是典型案例研究的方式,选择研究事件具有典型性。美国雷曼兄弟控股公司申请破产保护是百年不遇的金融危机爆发时最具代表性的特定事件,它对我国上市银行的影响具有时效性,故以此为证据研究上市银行澄清公告效果,更关注的是其典型性,加之受客观限制,样本不具有广泛性。本文的研究力求探讨典型案例、实证市场反应以及有效特征,为今后公司澄清公告提供新思路。另外,受篇幅所限,文章仅对上市银行澄清公告效果进行实证检验,并未对其影响因素进行研究分析,这也是另篇研究的内容。

【参考文献】

1. 张宁,刘春林.传闻澄清的市场反应研究——澄清公告详细性的作用[J].财贸经济,2012,(3).

2. 刘春林,张宁.上市公司传闻的澄清效果研究——来自中国证券市场的证据[J].管理科学学报,2012,(5).

3. 周战强，杨运杰，冯春安.市场传闻研究综述[J].经济学动态，2011，(10).

4. 于忠泊，田高良，曾振.上市公司临时公告对资本市场信息传递的影响[J].系统工程理论与实践，2012，(6).

5. 于李胜，李艳艳.信息竞争性披露——投资者注意力与信息传播效率[J].金融研究，2010，(8).

6. 周战强.试析市场传闻可信程度的影响因素[J].首都师范大学学报(社会科学版)，2010，(5).

7. Difonzo，N. & P. Bordia (2007)，"Rumor Psychology: Social and Organizational Approaches"，American Psychological Association，Washington，DC. pp.206—227.

8. Gao，Y. & D.，Oler (2008)，"Rumors and Pre-announcement Trading"，http://papers.ssrn.com.

9. Chou，H.，G.Y.Tian & X，Yin(2010)，"Rumors of Mergers and Acquisition: Market Efficiency and Markup Pricing"，http://papers.ssrn.com.

10. Zhang，X.F.，Information Uncertainty and Stock Returns. *The Journal of Finance*，Vol. 61，NO.6，2006，pp，105—137.

11. You，H.and X.-J. Zhang，Financial Reporting Complexity and Investor under Reaction to 10-K Information. *Review of Accounting Studies*，Vol.14，NO.4，2009，pp，559—586.

谈衍生金融工具的内涵及其条件的应用

董文艳

一、衍生金融工具的内涵

我国2006年发布了《企业会计准则第22号——金融工具确认和计量》,共八章五十八条。

(一)金融工具的定义

准则第二条规定:金融工具,是指形成一个企业的金融资产,并形成其他单位的金融负债或权益工具的合同。

(二)衍生工具的定义

准则第三条规定:衍生工具,是指本准则涉及的、具有下列特征的金融工具或其他合同:(1)其价值随特定利率、金融工具价格、商品价格、汇率、价格指数、费率指数、信用等级、信用指数或其他类似变量的变动而变动,变量为非金融变量的,该变量与合同的任一方不存在特定关系;(2)不要求初始净投资,或与对市场情况变化有类似反应的其他类型合同相比,要求很少的初始净投资;(3)在未来某一日期结算。衍生工具包括远期合同、期货合同、互换和期权,以及具有远期合同、期货合同、互换和期权中一种或一种以上特征的工具。

综上所述,衍生金融工具是一种运用债券、股票等金融资产交易的新的融资技术。从财务会计的观点来看,它是指尚未履行或正在履行之中的合约,是由传统金融工具衍生而来的一种投资工具。与其他融资工具不同的是,衍生工具本身并不具有价值,其价格是从可以运用衍生工具进行买卖的股票、债券等有价证券的价值中衍生出来的。这种衍生性给予这种新的融资工具以广泛的运用空间和灵活多样的交易形式。目前,在国际金融市场上最为普遍应用的衍生工具包括远期合约、金融期货、期权、互换。

二、衍生金融工具的特征

(一)衍生金融工具的产生以合约为基础

合约双方的权利和义务在签订合约之日起便基本确定,不需要或只需要少量初始净投资,而交易却要在将来某一时刻才能履行或完成。

(二)衍生金融工具的收益具有较大的不确定性

衍生金融工具所产生的收益来自于标的物价值的变动,即约定价格与实际价格的差额，将随着未来利率、证券价格、商品价格、汇率或相应的指数变动而变动。

（三）强有力的财务杠杆作用和高度的金融风险形影相随

金融理论中的杠杆性是指以较少的资金成本可以取得较多的投资，从而提高收益的操作方式。在运用衍生金融工具进行交易时，只需按规定缴纳较低的佣金或保证金，就可从事大宗交易，以小搏大。但是，伴随巨大收益的是巨大的风险，一旦预测有误，出现金融风险，就可能使投资者遭受严重损失，甚至危及整个金融市场的稳定。因此，交易者可以利用不同市场价格的差异，从低价市场买入，在高价市场卖出，从而获利。虽然国际金融市场有全球一体化的倾向，各市场间的价格差异不大，但由于衍生金融工具的巨额成交量，故而套利和投机者仍有可观的利润。投机者的出现既活跃了衍生金融市场，又在一定程度上扰乱了国际金融市场。市场的变幻莫测和交易者的过度投机，使许多人获得巨额利润，也使许多参与者遭受损失甚至破产。根据巴塞尔银行委员会的联合报告，衍生金融工具涉及的主要风险有：市场风险、信用风险、流动性风险、操作风险、结算风险、法律风险。

（四）衍生金融工具的价值具有较强的波动性

传统意义上的资产，其价值取决于社会必要劳动量的多少，具有相对稳定性，价格围绕价值波动，幅度不会很大。衍生金融工具交易中的金融资产则完全不同，其具有较强的价值波动性。当某项衍生金融工具能明显降低某项基础工具上的风险时，其价值也相应提高；反之，如果某项衍生金融工具已不能降低风险或带来任何利润时，它就没有价值。进一步地讲，其不能带来任何利润反而可能导致巨额损失时，其价值也就是相应的“负数”，这是传统意义上的资产和负债所不具备的。

（五）产品设计高度灵活

金融衍生产品种类繁多，可以根据客户所要求的时间、金额、杠杆比率、价格、风险级别等参数进行设计，让其达到充分保值避险等目的。然而，由此造成这些金融衍生产品难以在市场上转让，故其流动性风险也极大。

三、衍生金融工具条件的应用

新会计准则对于衍生金融工具给出了三个条件，只有同时满足这三个条件的合同才可以被确认为衍生工具：合同价值随基础变量的变动而变动；不要求初始净投资，或与对市场情况变化有类似反应的其他类型合同相比，要求很少的初始净投资；在未来某一日期结算。在实际应用中，如何按照符合衍生工具的三个条件来判断一项金融工具是否属于衍生工具？下面以利率互换为例，说明这三个条件的应用。

［例 1］ A 公司与 B 公司签订了一项利率互换合同。该利率互换合同要求 A 公司按 8%的固定利率支付，同时收取 3 月期的伦敦银行同业拆借利率（按季调整）的变动金额。固定和变动金额都是根据本金的名义金额确定。A 公司与 B 公司可以选择不交换本金，A 公司根据 8%和 3 个月期伦敦银行同业拆借利率之间的差额

每个季度支付或收取一笔现金净额，或者也可以选择交换本金，按总额结算。不管采用哪种方式，该合同都符合衍生工具的定义，因为合同价值随着基础变量（伦敦银行同业拆借利率）的变动而变动，同时没有初始净投资，并且在未来某一日期结算。

［例 2］ C 公司和 D 公司签订了一份 5 年期的利率互换合同，名义本金为 1 000万元的支付固定利率款项，收取变动利率款项的利率互换。互换中变动利率部分以 3 个月期的伦敦银行同业拆借利率为基础，每季度调整一次。互换中固定利率部分的利率为每年 8%，C 公司在初始时预付了该互换中的 400 万元的固定义务（使用市场利率进行折现），同时保留了在互换期内以基于 3 个月期伦敦银行同业拆借利率（按季调整）对 1 000 万元的名义本金收取利息的权利。在该合同中，利率互换的初始净投资远远小于计算变动部分的变动应付额的名义本金。该合同要求的初始净投资额小于预计对市场因素变动有类似反应的其他合同所要求的初始净投资。合同的最终结算日在未来，且合同价值随着伦敦银行同业拆借利率指数的变动而变动，因此，该合同符合衍生工具的定义。

由以上两个例子可以看到，一项合同要作为衍生工具来核算，准则中所列的三个条件缺一不可。

非财务指标的激励效应研究[①]

——基于上市银行高管薪酬的实证分析

蒋小敏

1996年，IMA(Institute of Management Accounting)的调查发现，仅有15%的被调查者认为当前的业绩评价系统能够支持高层目标的实现，43%的被调查者认为无法实现或较难实现，60%的企业正积极寻找新的业绩评价系统来克服这些缺陷(王悦等，2011)。目前，非财务指标已成为绩效指标实践发展的趋势之一(Itter and Larcker，1998b)。之所以会出现这种情况，其原因主要有：一方面，不同的业绩衡量目的需要不同的指标，传统的财务指标难以满足这些目的；另一方面，传统的财务指标存在着许多缺陷，如太过于重视历史信息而具有滞后性、缺乏解释未来业绩的预测能力等(Itter and Larcker，1998b)。

在高管激励合约中，尽管传统的财务指标，如利润、资产回报率、投资回报率等仍然存在，但非财务指标的使用越来越多(Ittner et al.，1997；Banker et al.，2000)。那么，这些非财务指标是否具有激励作用呢？与高管的薪酬激励是否相关呢？目前，关于非财务指标对于经理激励的重要性方面的实证研究非常少(Davila and Venkschalam，2004)。本文以我国上市商业银行高管薪酬激励为例来分析非财务指标的重要性，检验非财务指标对高管的激励效应。结果发现，非财务指标对银行高管薪酬的影响是显著的。本文共分为四个部分：第一部分对相关理论进行梳理和分析，并提出了研究假设；第二部分描述了实证模型、样本选择和变量选取等设计；第三部分给出了实证分析的结果；第四部分给出了本文的结论。

一、相关理论和研究假设

随着人们对非财务指标研究的深入，越来越多的文献开始探讨非财务指标是否可以用于激励目的。财务指标如果要纳入代理人的激励合约中，至少需要具备两个前提条件：一是非财务指标能够很好地预测(长期)财务绩效，因为企业是以追求利润最大化为目的而设立的组织，衡量指标的选择必须要有助于财务绩效的实现；二是非财务指标能够显示代理人努力的信息。

(一)非财务指标对财务绩效的预测性

竞争环境的加剧使得企业越来越重视产品质量、客户满意度、员工满意度等方

① 本文发表于2013年2月《会计之友》。

面的改进，这些方面的改进意味着企业专用性资产(firm-specific assets)的投资，但其价值很难在财务指标中充分反映出来。而衡量这些无形资产投资的非财务指标则能更好地预测未来财务绩效(Ittner and Larcker，1998a)。因此，非财务指标具有良好的未来业绩预测能力，可以被当作未来业绩的先导指标(leading indicators)，而财务指标只能反映过去或现时活动的财务影响，缺乏对未来财务业绩的预测能力(Datar et al.，2001；Feltham 和 Xie，1994)。

许多文献对非财务指标的财务绩效预测性进行了实证分析。Anderson 等人(1994，1997)以 77 家瑞典公司为研究对象，发现在不同的行业中，顾客满意度和财务绩效之间的关系具有很大的差异。Ittner and Larcker(1998a)基于客户层面、事业部层面和企业层面的数据，研究了客户满意度指标与未来财务绩效的关系，结果表明这种关系呈现显著正向关系。但这种相关性不是线性的，当客户满意度很高时，绩效收益是递减的。同时，企业层面数据分析结果随着行业不同而不同，有些行业是正向关系，有些行业则是负向关系或者不相关。Banker et al.(2000)基于 18 家旅馆、72 个月的时间序列数据，发现客户满意度指标与未来财务绩效是显著相关的。Banker and Mashruwala(2007)分析了竞争强度对非财务指标和财务绩效之间的关系具有调节作用。如当企业面临的竞争不激烈，顾客的购买选择有限时，顾客满意度不高对企业财务绩效产生的负面影响很小；当企业面临的竞争很激烈时，顾客满意度不高则会对企业财务绩效产生很大的负面影响。张川、潘飞和 John Robinson(2006)以我国 76 家国有企业为样本，分析了客户满意度与企业财务业绩的相关关系，发现客户满意度高的企业具有更高的盈利能力，并且从客户满意度提高带来的两方面作用来看，企业更可能是通过提高单位产品的利润率来提高盈利能力，而不是通过增加销售来提高盈利能力。张川、潘飞和 John Robinson(2008)以我国 158 家企业为样本，分析了非财务指标采用程度对企业业绩的影响，对代理理论和权变理论进行了验证。研究表明，不管企业具有什么样的权变特征，非财务指标采用的程度越高都会带来越好的企业业绩。而且，相对于选择差异化战略的企业而言，选择成本领先战略的企业，采用非财务指标后会得到更好的业绩。

尽管理论分析认为非财务指标对企业未来财务绩效具有良好的预测性，但实证分析并没有取得一致的结论，有些研究发现非财务指标与财务绩效不相关或负相关。非财务指标与财务绩效之间的关系取决于研究选取的具体的非财务指标、企业特征、行业特征以及企业面临的社会经济环境等因素。Ittner，and Larcker(2003)指出，企业在选用非财务指标时存在着误区，即企业没有基于因果关系来选择指标。因果关系是指企业价值驱动因素图，它能够表明哪些领域可望通过采取特定的行动获得改进，以及这些改进将如何影响企业长期的财务业绩。因此，只有合适的非财务指标才会影响长期财务业绩。

（二）非财务指标的信息含量

委托代理理论指出，企业的业绩衡量和薪酬体系应包括所有能够提供管理者努力增量信息(incremental information)的财务和非财务指标(Banker and Datar, 1989;Ittner et al.,1997)。Holmstrom(1979)证明,当一个不完善的业绩指标能够提供有关代理人努力水平方面的额外信息时,将该业绩指标包含在激励合约之中将能提高对代理人努力程度估计的准确性,增加薪酬契约的激励效果。这就是判断业绩指标是否具有信息含量的标准——“信息原则(informativeness principle)”。该原则揭示了如何评价业绩指标的有用性。用于激励目的的业绩评价指标与用于其他目的的业绩评价指标不同,业绩指标之所以有用,是因为这些指标能够提供可以反映代理人所采取的行动和策略方面的有用信息。因此,对于激励的目的而言,问题并不在于如何对股东的价值进行最佳的衡量,而在于采用什么样的业绩衡量指标才能充分反映代理人对企业价值的贡献(Raffi Indjejikian,1999)。

信息原则应用的实证分析主要采用两种方法(Raffi Indjejikian,1999):一是根据披露的绩效评估和薪酬安排的详细数据,分析和解释各种指标显性的或可观察的重要性;二是在缺乏实际数据的情况下,根据管理者薪酬对各种可能的指标(candidate measures)的敏感性来推断这些指标的重要性或相对重要性。如果薪酬对某些指标敏感,那么这些指标就提供了代理人努力程度的信息。

非财务指标对未来财务绩效具有良好的预测性,并且能够揭示经理人努力程度方面的额外信息,因而使用非财务指标可以有效地引导经理的努力方向,避免经理的目标与股东的财富最大化目标发生偏离(Davila and Venkschalam,2004)。非财务指标激励效应研究的最直接方法是分析公司是否设定非财务指标来进行评估和激励员工。由于我国上市银行普遍没有公开披露高管的评价指标,因此,采用信息原则应用分析的第二种方法,做出如下假设:非财务指标对银行高管的薪酬有着隐性的、显著的影响。

二、研究设计

(一)模型构建

本文采用了面板数据模型,其变量取值都带有时间序列和横截面的两重性。相对于一般的线性回归模型,面板数据模型既能考虑到横截面数据存在的共性,又能分析横截面因素的个体特殊效应。下面检验绩效指标(包括财务指标和非财务指标)与高管薪酬的关系,具体的模型设定如下:

$$\boldsymbol{Y}_{it}=\boldsymbol{\alpha}_i+\boldsymbol{\beta}_i\boldsymbol{X}_{it}+\boldsymbol{\gamma}_i\boldsymbol{CON}_{it}+\boldsymbol{\mu}_{it}$$

其中,Y 为被解释变量,代表高管薪酬水平;X 为解释变量,代表绩效指标变量,包括财务指标和非财务指标;CON 为控制变量,以消除一些与银行相关的个体因素的影响;μ 为误差项。

(二)样本选择

目前,我国上市银行共 16 家,分为三类:国有大型商业银行、股份制商业银行和城市商业银行。尽管工、农、中、建、交 5 家国有大型商业银行已经上市,但高管聘任具有很强的行政色彩，其薪酬往往与行政级别挂钩，市场化程度还不高。股份制银行共 8 家，这些银行的商业化运作机制比较完善，其高管聘用和薪酬机制市场化程度较高。宁波银行、南京银行和北京银行 3 家城市商业银行与股份制商业银行在企业经营环境、高管聘任机制等方面存在很大差别。据统计，2007～2009 年，4 家国有商业银行高管平均年薪为 132.67 万元；7 家股份制商业银行高管平均年薪为 358.54 万元；3 家城市商业银行高管平均薪酬为 153.28 万元（管征，2010），股份制商业银行高管薪酬的市场化程度最高。因此，本文以股份制商业银行作为研究样本。由于光大银行是 2010 年 8 月上市的，上市时间较短，不宜作为研究样本，最终作为研究样本的银行共 7 家：深圳发展银行、浦发银行、民生银行、招商银行、华夏银行、兴业银行和中信银行。

在 2007 年之前，银行年报披露的高管薪酬是税前数据，而自 2007 年开始披露的是税后数据，为了保证数据统计口径的一致性，样本时间选取为 2007～2010 年，共 4 年。由于有个别数据缺失，最终数据样本共 25 个。

本文数据全部来自于国泰安 GTA 的中国上市公司财务指标分析数据库（2011 年版）和中国银行财务研究数据库（2011 年版）。

（三）变量选取

（1）货币薪酬。我国银行高管激励主要采用的是货币方式，目前个别银行采用了股权方式，如招商银行 2007 年授予高级管理人员 H 股股票增值权，截至 2011 年 2 月 18 日共授予了四期，但股权激励等中长期方式在我国还不普遍。本文选用行长的货币薪酬作为被解释变量。

（2）每股收益。通常，股价反映了投资者对企业价值的判断。我国股票市场缺乏效率，股价波动幅度过大，因此本文不采用股价涨跌率指标，而选用与股价密切相关的每股收益指标。每股收益越高，高管薪酬越高；反之则相反。

（3）总资产回报率。该指标反映了资产的经营效率。考虑到有些上市公司为迎合监管部门的规定，对净资产收益率（ROE）存在着大量的利润操纵行为，本文选用总资产收益率（ROA）指标。总资产回报率越高，高管薪酬越高；反之则相反。

（4）净利润。该指标反映了企业整体经营状况。净利润越高，高管薪酬越高；反之则相反。本文选用净利润的对数形式。

（5）中间业务收入占比。这是本文使用的非财务指标。在 2007 年金融创新监管工作会议上，银监会明确指出中间业务收入是衡量金融创新能力的一个重要指标，中间业务收入占比越高，高管薪酬越高；反之则相反。

（6）总资产规模。一般来说，企业资产规模越大，高管付出的努力越多，从而高管的薪酬越高，即总资产规模越大，高管薪酬越高；反之则相反。本文选用总资产规模的对数形式。

本文分析涉及的变量定义见表 1。

表 1　　变量定义

变量类型	变量名称	变量代号	定　义
被解释变量	货币薪酬	COMP	从银行领取的税前报酬总额
解释变量	每股收益	EPS	净利润/总股数
	总资产回报率	ROA	净利润/总资产平均余额 总资产平均余额=(期末余额+期初余额)/2
	净利润	LNNI	银行实现的净利润,本变量采用了对数形式
	中间业务收入占比	IBRR	中间业务收入/营业收入
控制变量	总资产规模	LNTA	资产各项目总计,本变量采用了对数形式

三、实证分析

(一)描述性分析

表 2 是所有变量的统计特征。高管薪酬最高的为1 004.61万元,最低的只有 170 万元,相差近 6 倍多。总资产回报率最高为 1.4532%,最低的只有 0.1485%,可见各家银行之间经营效率相差比较大。中间业务收入占比最高近 18%,最低只有 5%,相差了 3 倍多,反映了各家银行创新能力差距很大。可以看出各家银行的经营管理状况存在着较大的差异。

表 2　　样本的统计特征

	COMP	EPS	ROA	LNNI	IBRR	LNTA
Mean	485.1964	1.182600	0.009200	22.85116	0.105696	27.73963
Median	486.0000	1.040000	0.009554	23.21713	0.101895	27.80316
Maximum	1 004.610	3.280000	0.014532	23.97244	0.177915	28.50753
Minimum	170.0000	0.200000	0.001485	20.23556	0.050013	26.58843
Std.Dev.	260.3152	0.795410	0.003145	0.887297	0.039424	0.494803

(二)模型形式的选择

面板数据模型形式的选择要通过 F 检验、Hausman 检验等完成。F 统计量检验应该建立混合回归模型还是个体固定效应回归模型? F 统计量定义为:

$$F=\frac{(SSE_r-SSE_u)/(N-1)}{(SSE_u)/(NT-N-k)}$$

其中,SSE_r 为混合估计模型的残差平方和,SSE_u 为个体固定效应回归模型的残差平方和,N 为个体数量,T 为时间序列的最大长度,k 为待估计的变量个数。

根据回归结果,$F=8.63>F_{0.05}(6,14)=2.24$,因此,建立个体固定效应回归模型更合理。

Hausman 统计量检验应该建立个体随机效应回归模型还是个体固定效应回

归模型？经 Hausman 检验，$H=44.39>\chi^2_{0.05}(6)=13.59$，对应的概率为 0.0000，因此，建立个体固定效应回归模型更合理。

（三）实证结果

具体实证结果见表 3。从表 3 可以看出：(1)每股收益的系数为正，符合预期，并且通过了显著性检验，即每股收益越高，高管薪酬越高。由于我国股票市场不成熟，股价形成机制不完善，股价很难作为对高管薪酬激励的基础，但每股收益作为公司价值的最重要指标，能够客观反映银行经营管理的好坏，可以作为对行长薪酬激励的基础。(2)总资产回报率的系数为负，不符合预期，并且未通过显著性检验。这说明总资产回报率对高管薪酬没有影响。(3)净利润的系数为正，符合预期，但没有通过显著性检验。(4)中间业务收入占比的系数为正，符合预期，并且通过显著性检验。中间业务收入占比对行长薪酬水平有影响，这说明了在我国利率受到管制、银行收入主要依靠利息差的现状下，银行开始关注创新能力，以在利率管制放开情况下仍然能够取得可持续发展。(5)总资产规模的系数为负，不符合预期，但通过了显著性检验，也就是说，行长薪酬与资产规模成反比。这与通常的情形不吻合。之所以会出现这种情况，与我国金融体系发展有关：对于银行来说，资产规模越大越好；对于规模较小的银行，追求资产规模增长的动力更强，希望尽快提高市场占有率和市场影响力，因而对行长基于资产规模的薪酬激励力度会更大，并且银行的资产规模越小，这种激励力度就越大。

表 3　银行高管薪酬决定因素的实证结果

变　量	预期符号	系数	标准差	T 值	Prob.
每股收益	+	243.4420**	99.09445	2.456666	0.0288
总资产回报率	+	−26 206.92	23 762.26	−1.102880	0.2901
净利润	+	−22.61652	128.4179	−0.176117	0.8629
中间业务收入占比	+	3 667.364*	1 940.140	1.890258	0.0812
总资产规模	+	−407.7781**	157.8534	−2.583270	0.0227
R^2	0.953761				
Adjusted R^2	0.914636				
F 统计值	24.37710				

注：***、**、* 分别表示 1%、5%和 10%的显著性水平。

四、结论

目前，高管薪酬研究文献主要选择财务指标，但财务指标存在着一些缺陷和不足。随着近年来非财务绩效指标研究的兴起，人们开始引入非财务指标作为财务指标的补充，来研究非财务指标在高管薪酬合约中的作用，检验非财务指标在评估高管绩效方面是否能够提供增量信息。但目前这方面的实证研究还比较匮乏。本文以我国上市银行为例，分析了反映创新能力的中间业务收入占比这一非财务指标对行长薪酬的影响，结果表明中间业务收入占比指标对行长薪酬有显著的影响。这说明非财务指标发挥了激励效应，尽管这种效应可能是隐性的。

【参考文献】

1. 管征. 上市银行高管薪酬管理问题[J].中国金融，2010，(17).

2. Davila and Venkschalam，2004.The Relevance of Non-financial Performance Measures for CEO Compensation：Evidence from the Airline Industry[J].*Review of Accounting Studies*，9，443－464.

3. Ittner and Larcker，1998.Are Nonfinancial Measures Leading Indicators of Financial Performance? An Analysis of Customer Satisfaction[J].*Journal of Accounting Research*，Vol.36.

论管理层控制系统：董事会治理的微观机制①

蒋小敏

现代企业所有权和经营权的分离引起了公司治理问题。Shleifer and Vishny (1997)认为，公司治理解决了企业资金供给者如何保证能够获得投资的回报、如何让管理者向他们分配企业利润、如何控制管理者等问题。为此，公司需要建立一套治理机制，而在这套治理机制的顶端则是董事会(Fama and Jensen，1983)。那么，董事会对管理者究竟是如何产生影响的呢？现有的文献主要集中在董事会结构及其对公司经营决策的影响，缺乏对董事会治理的具体机制进行系统分析，也即缺乏系统探讨董事会对管理层是如何施加影响和控制的。本文主要讨论董事会的具体治理方式，提出了管理层控制系统的概念。

一、董事会的职能

(一)董事会职能的演变

对董事会职能最早进行分析的是 Pfeffer(1972)，他认为董事会是组织处理外部环境的一种工具，董事会规模和结构不是随机的或者独立的变量，而是组织对外部环境的理性反映(rational responses)。他开创了董事会职能的资源依赖理论。Pfeffer and Salancik(1978)指出，"当一个组织任命一个人进入董事会，它就期待这个人会去支持组织，去关心组织的问题，去反复地把组织展示给其他人，去尽力帮助组织"。他们宣称董事会能够带来四大好处：(1)建议和咨询；(2)合法性(legitimacy)；(3)是外部组织和本企业之间信息沟通的渠道；(4)优先获得来自外部重要要素的承诺或支持。Wernerfelt(1984)直接认为，这种职能就是董事会给企业带来资源的能力。

随着代理理论的兴起，人们开始用代理理论来分析董事会的职责。由于现代企业所有权和经营权的分离，导致了企业股东和管理层之间出现了委托代理问题，董事会被认为正是为解决这种代理问题而产生的一种内生制度安排，因而负有监督管理层的职责(Fama & Jensen，1983；Hermalin & Weisbach，2003)。董事会的主要职责是监督代理人(管理层)的活动以保护委托人(股东)的利益。但在实践中，董事会往往处于"无为"状态，并未尽到监督职责。

---

① 本文发表于 2012 年 9 月《特区经济》。

从20世纪90年代开始,西方国家大量严重的公司欺诈行为,使得股东们对“橡皮图章式”的董事会越来越不满,建立负有更大责任的董事会的呼声不断增强。在环境的支持和压力下,董事会的职责开始拓展到战略管理领域(龚红、宁向东、崔涛,2007)。其实在此之前,就一直有人关注董事会的战略职能。如Andrew(1980)建议董事会可以和管理层一起设计公司的战略规划,理由有两点:(1)董事会拥有大量决策经验,因而能够为创造性的战略规划做出贡献;(2)假如董事们能更深刻理解公司战略,有助于他们履行监督职能。Fama & Jensen(1983)也认为专家型董事可以有效地评估管理层的提议,在公司制定战略时,能够提供有价值的建议。Rindova(1999)从认知的角度分析了董事会可以利用自身解决问题的经验来与管理层一起参与战略决策过程:审视(scanning)、解读(interpretation)和选择(choice)。

(二)董事会的具体职能

关于董事会究竟有哪些具体职能,不同的人有不同的表述。Zahra & Pearce(1989)和Johnson,Daily & Ellstrand(1996)提供了两篇非常有影响力的评述文章,对董事会职能进行了梳理和整合,有助于我们对董事会职能的进一步认识和理解。

Zahra & Pearce(1989)认为董事会的关键职能有三个:服务、战略和控制。所谓“服务”职能,是指“提高企业声誉,建立和外部环境的联系,向管理层提供建议和咨询”;所谓“战略”职能,是指董事们“通过向CEO提供建议和咨询,提出自己的分析,或者建议不同的方案”来积极参与战略领域的决策;所谓“控制”职能,是指“评估公司和CEO的绩效,以确保公司增长和股东利益的保护”。

Johnson,Daily & Ellstrand(1996)指出,董事会的职责有三个:控制、服务和资源依赖。控制职能是指董事作为股东的受托人监督管理层,具体包括雇用、解雇CEO和其他管理层,决定管理层薪酬,监督管理层不要攫取股东的利益;服务职能除了董事们积极参与战略的发起和制定外,还向CEO和其他管理层提供行政及其他管理方面的建议;资源依赖职能将董事会当作一种获取资源的手段,这些资源对企业的成功非常关键。

Hillman & Dalziel(2003)认为董事会的关键职能只有两种:监督和资源依赖。他们认为Zahra & Pearce(1989)的服务和战略职能,以及Johnson,Daily & Ellstrand(1996)的服务职能都属于资源依赖职能,其理论基础都是资源依赖理论。

我们认同Hillman & Dalziel(2003)将董事会的服务、战略、资源依赖等职能看作一种,但不同意将这三种职能归纳为资源依赖职能,而认为它们应当归为服务职能,因而将董事会职能归为两种:监督和服务。从Zahra & Pearce(1989)关于战略职能的定义来看,是指董事会为管理层提供了有关战略方面的建议和咨询等,很显然可以归入“服务” 职能。再来分析资源依赖职能和服务职能的关系。资源依赖职能是指董事会利用自身的经验、声誉、地位、关系等,来获取公司所需要的关键性资源和利益相关者的支持。资源依赖职能与其说是董事会服务于公司,不如说是服务于管理层。在现代企业中,所有权和经营权是分离的,企业的所有者聘请经验丰富的管理层来进行企业的经营管理,管理层拥有企业经营管理的权利,同时也承担着创造好的企业绩效,为股东创造最大化价值的责任。管理层承担着企业绩效好坏的责任,任何有利于公司绩效提升的活动都是间接服务于管理层。因此,我们认为董事会的服务、战略和资源依赖职能都属于服务职能。

二、董事会职能的理论基础

众所周知,监督职能的理论基础是代理理论,那么服务职能的理论基础是什么呢?我们认为是管家理论。需要说明的是,董事会的一些具体活动究竟是属于监督职能还是服务职能需要进行具体的分析。如对一项收购政策的审查,既可能是出于服务需要,董事会根据自身经验和信息等提供相关建议;也可能是出于监督需要,审查是否符合股东利益。在此探讨的理论基础针对的是监督职能和服务职能,而不是具体活动。

(一)管家理论和服务职能

管家理论主要运用于心理学和社会学,假定人是社会人,人的行为倾向于集体主义和合作。所有者和管理者的目标是一致的,所有者对管理者充分信任、充分授权,管理者会像管家一样经营好企业(Davis,Schoorman,Donaldson,1997;杨林,2004)。

从管家理论的内涵可以发现其与董事会服务职能是一致的。当董事会发挥服务职能时,假定管理者是在为公司谋取利益,而不是在为管理者自己谋取私利,董事会和管理者的目标是一致的;当董事会提供服务职能时,董事会和管理者之间是相互信任和合作的。

(二)代理理论和管家理论的比较

代理理论主要运用于经济学和金融学,假定人是经济人,要追求自身的利益,人的行为倾向于机会主义和个人主义。所有者和管理者之间的利益存在冲突,所有者要对管理者进行控制,以保护自己的利益,防止管理者侵犯自己的利益。

表1归纳了代理理论和管家理论的假设(assumptions)和观点(prescriptions)。

表1　　代理理论和管家理论的比较

比较项目		代理理论	管家理论
假设	理论基础	经济学与金融学	社会学与心理学
	CEO的人性倾向	个人主义与机会主义	集体主义与合作主义
	CEO的激励动机	外在动机	内在动机
	董事会与CEO的关系	目标相互冲突(风险偏好不同),彼此不信任	目标相互一致(风险偏好相同),彼此相互信任

续表

比较项目		代理理论	管家理论
观点	董事会的主要职责	对 CEO 进行约束与监管	对 CEO 进行服务与提出建议
	董事会的结构	重视外部董事,关系不持久	重视内部董事,关系持久
	实施股票期权的目的	目的是为了减少 CEO 与董事会的目标冲突,避免日益增加的风险差异	目的是为了促进 CEO 与公司的一体感和培育一种长期合作关系
	董事会控制 CEO 的策略	约束 CEO 的自利行为	利用 CEO 的自我奉献精神

资料来源:杨林.管家理论与代理理论的比较分析[J].外国经济与管理,2004,(2).

(三)代理理论和管家理论:对立还是互补

从上面的分析可以看出,代理理论和管家理论是完全不同的。那么两者究竟是对立还是互补呢?主张对立关系的观点认为,如果所有者假定管理者是经济人,就倾向于与管理者建立代理关系,如果双方确定建立起代理关系,所有者就会对管理者进行控制,采取代理理论所提倡的治理策略;如果所有者假定管理者是社会人,就倾向于与管理者建立管家关系,如果双方确定建立起管家关系,所有者就会与管理者进行合作,采取管家理论所提倡的治理策略。在实践中,所有者有两种选择,要么建立代理关系,要么建立管家关系,代理理论和管家理论是对立而非相容的(张辉华,凌文辁,方俐洛,2005)。

但 Donaldson & Davis(1991)明确指出,“以前的研究是基于最好方式之一的思维(one-best-way thinking),也就是管家理论是对的,而代理理论是错的”。但“问题不是代理理论或管家理论哪一个更加合理。每一个都在某些情形下是合理的,而在其他情形下则不合理。问题是代理理论和管家理论之间的转换规则(switching rules)是什么”。因此,代理理论和管家理论不是哪一个对、哪一个错的问题,不是相互对立的,而是哪一个更适合的问题,是相互补充的。

以代理理论为基础的监督职能和以管家理论为基础的服务职能也应相互补充,即在某些情形下,董事会倾向于发挥监督职能,而在某些情形下倾向于发挥服务职能。虽然直接体现董事会服务与监督职能之间匹配关系的经验实证研究还非常少,但受此思想的刺激,一些相关的实证研究开始出现(杨其静,杨继东,2008)。Gillan 等(2003)发现行业的绩效波动越强,董事会的监督能力越弱,而企业产品的特殊性越明显,董事会赋予管理者的自由决策权就越大。Grinstein and Tolkowsky(2004)发现,在资本预算过程中,只有在那些代理成本较高、审核成本较低、低增长和现金流充裕的企业,董事会主要起监督作用,而对公司并购的决策,董事会更倾向于与 CEO 分享信息,并向 CEO 提供建议。

三、管理层控制系统:董事会治理的微观机制

上面分析了董事会的职能,那么如何具体发挥这些职能呢?我们提出了管理层控制系统(top management control systems)的概念。

(一)管理层控制系统的概念

管理层控制系统是为了实现公司利益最大化,董事会对管理层所采取的各种活动的总和,是董事会职能的具体体现。管理层控制系统中"控制"的含义是广泛的,不仅包括为使管理者和股东利益保持一致而采取的各种举措,如监督 CEO、监督战略执行、计划 CEO 的继任、评估和奖励 CEO 等,还包括服务内容,如协调企业与外部环境的关系、提供决策建议等,这些活动都是为了实现公司利益的最大化。

(二)管理层控制系统的类型

根据董事会对管理层的控制内容,管理层控制系统可以分为代理关系型和管家关系型。代理关系型控制系统的主要内容是:监督职能强,服务职能弱,并且监督以财务目标考核为主,服务方式以诊断式、被动式为主;而管家关系型控制系统的主要内容是:监督职能弱,服务职能强,并且监督以战略目标考核为主(如采用平衡记分卡,考核指标不仅仅包括财务指标),服务方式以交互式、主动式为主。

1. 代理关系型控制系统

Walsh and Seward(1990)在分析企业内部控制机制时,指出董事会首先对管理层进行绩效考核评估,如果绩效结果不理想,董事会将有两种选择:要么改变管理层的激励合约,要么解雇他们。因此,考核评估是监督的起点,也是主要内容,根据考核评估的结果来采取后续的相关措施。在代理关系下,采用什么样的考核呢?代理理论认为,基于结果的(outcome-based)合约能够有效束缚代理人的机会主义,这样的合约能够使委托人和代理人的偏好保持一致。Eisenhardt(1989)就直接指出,"当委托人和代理人之间的合约是基于结果的,代理人更可能以符合委托人利益的方式行事。"因此,在代理关系下,考核是结果导向的。当这种代理关系运用在对公司管理层的控制时,结果控制就是财务控制(Baysinger and Hoskisson,1990)。当董事会对管理层的控制方式选择代理关系型时,其监督职能则主要体现在财务目标的考核上。

再来分析董事会的服务职能。由于董事会具有很强的监督职能,管理层不愿意向董事们披露信息,或者会隐瞒有关信息,从而使得董事们处于信息劣势(Adams & Ferreira,2007)。根据 Walsh and Seward(1990)的分析,当公司绩效不佳时,董事会必须对管理层的努力程度和能力做出推断,具体情况如表 2 所示。

表 2　　董事会对管理层绩效不佳的推断

	能力低	能力高
努力程度高	岗位不匹配(misplaced)	被误导(misguided)
努力程度低	不胜任(incompetent)	偷懒(shrinking)

尽管企业绩效不佳可能是由管理者不能控制的外部因素引起的,但董事会仍将绩效不佳归因于管理层,因为董事会认为"在任何环境下,引导企业走向成功是管理者的工作,不管环境是多么受约束还是多么竞争的(constraining or competitive)"。假如管理者被认为能力很强,但不够努力,董事会就会调整激励合约;假如管理者被认为能力很弱,不管其努力程度如何,董事会都会解雇他们。因此,管理者就会向董事会尽量隐藏信息,不管自己能力如何,一定会将自己塑造成能力很强的形象。由于董事会处于信息劣势,不能够全面、正确地了解公司经营管理和面临的外部环境,董事会的服务职能将会弱化①(Adams & Ferreira,2007)。此时,董事会主要在两种情形下提供服务:一是应管理层的主动邀请;二是参照事先制定的绩效标准,对绩效结果进行诊断分析,为管理者提供建议等服务。因此,董事会的服务将是被动式的(reactive)、诊断式的(diagnostic)。

2. 管家关系型控制系统

在管家关系下,假定管理者和股东具有相同的偏好,两者的根本利益是一致的,管理者不会出现机会主义,因此董事会的主要职责是服务,而不是监督(Davis, Schoorman, Donaldson, 1997;杨林,2004)。在这种情形下,用于保证管理者按照公司利益来行事的各种资源将减少,如监督、激励或者约束管理者的成本会被节约等(Davis, Schoorman, Donaldson, 1997)。

在管家关系下,对管理层的考核仍然是存在的,但起的作用则发生了很大的变化,"考核就像是飞机仪表盘,用于保证企业沿着正确的轨道行驶"(Kaplan, Norton, 2001)。这时的考核以战略目标为主,以公司战略为导向。Kaplan and Norton(2001)提出了平衡记分卡(balanced scorecard),从财务、客户、流程、学习与成长四个维度来设置指标,平衡了财务与非财务、结果与行为、短期与长期的关系。

管家理论认为,管家的绩效要受其所在的治理结构是否有利于有效行动的影响,因此要对管理层充分信任、充分授权,并且主张 CEO 和董事会主席合二为一。董事会的主要职责是对 CEO 提供服务和建议等。但这种服务不是诊断式、被动的,而是交互式(interactive)、主动的(proactive)。在这种情况下,董事会会定期或不定期地主动参与管理层的决策,讨论公司面临的外部环境和内部的运营管理,并提供相关咨询、建议等服务,信息在董事会和管理层之间能够得到很好的分享。

① 财务考核则需要很少的信息(Hitt, Hoskisson, Ireland, 1990),因此在董事会处于信息劣势时,仍可以发挥很强的监督职能。

根据上述对管理层控制系统类型的分析，在不同的治理关系下，董事会的职能存在很大的差别。在代理关系下，董事会主要发挥监督职能；在管家关系下，董事会主要发挥服务职能。具体内容可以总结如表3所示。

表3　　管理层控制系统的类型

董事会职能 / 治理关系	监督职能	服务职能
代理关系	强（以财务目标考核为主）	弱（以被动式、诊断式为主）
管家关系	弱（以战略目标考核为主）	强（以主动式、交互式为主）

四、小结

在董事会职能的基础上，本文提出了管理层控制系统的概念，并根据代理理论和管家理论，将管理层控制系统分为两种类型：代理关系型和管家关系型，前者以监督职能为主，后者以服务职能为主。未来的研究可能需要探讨董事会—管理层关系是选择代理关系型还是管家关系型的影响因素，并且通过考虑管理层控制系统的因素，会将目前普遍采用的“治理结构—公司绩效”的分析框架扩展到“治理结构—治理行为（管理层控制系统）—公司绩效”的分析框架，从而深化理解公司治理结构对公司绩效的影响机制。

【参考文献】

1. Baysinger Barry and Hoskisson Robert E. 1990. The Composition of Boards of Directors and Strategic Control: Effects on Corporate Strategy[J]. *The Academy of Management Review*, Vol.15, No.1, 72－87.

2. Davis, J. H., Schoorman, D. and Donaldson, L. 1997. Toward a Stewardship Theory of Management[J]. *Academy of Management Review*, 22: 20－47.

3. Donaldson, L. and Davis, J. H. 1991. Stewardship Theory or Agency theory: CEO Governance and Shareholder Returns[J]. *Australian Journal of Management*, 16: 49－64.

4. Eisenhardt K. M. 1989. Agency Theory: An Assessment and Review[J]. *Academy of Management Review*, 14: 57－74.

5. Fama EF, Jensen MC. 1983. Separation of Ownership and Control[J]. *Journal of Law and Economics*, 26: 301－325.

6. Grinstein, Y., Tolkowsky, E. 2004. The Role of the Board of Directors in the Capital Budgeting Process-Evidence from S&P 500 Firms[R]. Working Paper, Cornell University.

7. Hillman, A., Dalziel, T. 2003. Boards of Directors and Firm Performance: Integrating Agency and Resource Dependence Perspectives[J]. *Academy of Management Review*, 28(3): 383－396.

8. Hitt, M. A., Hoskisson, R. E., Johnson, R. A. & Moesel, D. D. 1996. The Market for Corporate Control and Firm Innovation[J]. *Academy of Management Journal*, 39(5): 1084－1119.

9. Jensen MC, Meckling WH. 1976. Theory of the Firm: Managerial Behavior, Agency Costs, and Ownership Structure[J]. *Journal of Financial Economics*, 3: 305—350.

10. Johnson, J., Daily, C., & Ellstrand, A. 1996. Boards of Directors: A Review and Research Agenda[J]. *Journal of Management*, 22: 409—438.

11. Kaplan, R.S. and D.P. Norton. 2001. *The Strategy-Focused Organization: How Balanced Scorecard Companies Thrive in the New Business Environment*[M]. Boston, MA: Harvard Business School Press.

12. Pfeffer J, Salancik GR. 1978. *The External Control of Organizations: A Resource Dependence Perspective*[M]. Harper & Row: New York.

13. Pfeffer, J. 1972. Size and Composition of Corporate Boards of Directors: The Organization and its Environment[J]. *Administrative Science Quarterly*, 17, 218—228.

14. Walsh, J. P. and Seward, J. K. 1990. On the Efficiency of Internal and External Corporate Control Mechanisms[J]. *Academy of Management Review*, 15 (3): 421—458.

15. Wernerfelt B. 1984. A Resource-based View of the Firm[J]. *Strategic Management Journal*, 5(2): 171—180.

16. Zahra SA, Pearce JA II. 1989. Boards of Directors and Corporate Financial Performance: A Review and Integrative Model[J]. *Journal of Management*, 15: 291—334.

17. 龚红,宁向东,崔涛.董事会对公司战略过程评价:逻辑架构与指标体系[J].南开管理评论,2007,(5).

18. 杨林.管家理论与代理理论的比较分析[J].外国经济与管理,2004,(2).

19. 杨其静,杨继东.董事会只是为了监督吗?[J].南开经济研究,2008,(6).

我国上市商业银行结构性金融产品会计信息披露的现状研究①

刘 莹

一、上市公司发行结构化金融产品的现状

结构化金融产品(structured notes,structured products,hybrid products)是将固定收益证券与衍生产品相结合,在固定收益证券中嵌入期货、期权、互换等而构造的新型金融产品。学者们认为这类产品更强调以其OTC衍生品特征满足定制的顾客需求(Mattoo,1996)。结构化金融产品主要包括利率联动型、股权联动型、外汇联动型、信用联动型、商品联动型。目前,在产品构成中具有重要作用的衍生产品部分已不再单纯地以陌生的概念吸引投资者,在欧美市场无论是发行主体还是产品种类都已呈现多样化的特征,可满足不同投资者的风险收益需求。它借助现代金融工程学的思想,以复杂多变的市场环境为背景,根据投资者的需求设计而成,真正起到了风险转移和提高收益的功效。

目前国际上最为流行的结构化金融衍生品主要是由商业银行开发的各类结构化理财产品以及在交易所市场上可上市交易的各类结构化票据,它们通常与某种金融价格相联系,挂钩标的多为利率和汇率,其投资收益随该价格的变化而变化。在我国资本市场不断创新、监管部门放松证券公司净资本控制以及投资者多样化需求的背景下,中国证券交易所和证券公司正在积极探索结构化产品。市场上现有的结构化产品多以我国商业银行外币理财产品和人民币理财产品出现,例如商业银行通过柜台销售各种挂钩利率、汇率、大宗商品价格、黄金价格的结构化产品,以及挂钩股票价格指数、能源价格指数的人民币理财产品。

“自2005年以来,我国银行理财产品得到了快速发展,年平均规模增长接近100%。截至2012年9月末,银行理财产品余额为6.73万亿元,比2011年年末的4.59万亿元增长近47%。2012年前三季度,中国社会融资规模为11.73万亿元,银行理财产品占同期社会融资规模比例的18%。”②从理财产品在国内销售火爆可以看出,结构化理财产品在国内有相当大的需求。理论上,结构化产品可以构造出

① 本文发表于2014年《财会通讯》。

② 记者沈玮青整理,银监会.部分理财产品运作不规范[N].新京报,2012-12-12.http://finance.sina.com.cn/money/bank/bank_yhfg/20121212/023013972288.shtml.

介于股票市场和定期存款之间多种收益风险类型的投资品种，估算它的理论市场规模在股票市场规模和银行存款规模之间，也就是说，这个市场的潜在规模将在156 247.57亿元至1 185 526亿元之间①。近来国内银行将外资行开发的外币结构化产品的设计模式运用于人民币理财已渐成趋势，每一家上市商业银行都推出多项人民币理财业务。据和讯数据中心统计，2012 年 12 月份，共有 98 家银行发行理财产品，发行量共计2 812款，人民币理财产品共发行2 706只，占产品发行的绝大部分，占比达 96%。

表 1　　主要银行结构型理财产品 2012 年发行状况一览表

银行名称	结构型产品发行数量（支）/当月总发行数量（支）											
	1 月	2 月	3 月	4 月	5 月	6 月	7 月	8 月	9 月	10 月	11 月	12 月
平安银行	0/40	0/47	0/65	0/63	0/80	0/89	0/94	0/91	0/49	0/27	0/97	0/125
宁波银行	0/16	0/16	0/19	0/19	0/13	0/15	0/17	0/20	0/20	0/19	0/24	0/28
浦发银行	0/84	0/99	0/93	0/105	0/119	0/105	0/127	0/116	0/94	0/70	0/89	0/89
华夏银行	0/26	0/24	0/42	0/39	0/80	2/92	0/89	0/138	0/106	0/78	0/31	0/57
民生银行	0/59	0/63	0/88	0/82	0/62	0/64	0/55	0/77	0/88	0/48	0/99	0/81
招商银行	0/70	1/72	0/85	1/74	0/91	2/95	0/93	1/100	0/105	2/100	5/130	3/105
农业银行	0/89	5/121	0/110	0/73	15/110	26/93	0/99	0/104	0/101	0/80	0/129	0/86
南京银行	0/34	0/22	0/43	0/36	0/45	0/52	0/39	0/50	0/47	0/39	0/43	0/60
兴业银行	0/16	0/23	0/20	0/29	0/37	0/64	0/67	0/78	0/84	0/82	0/83	0/85
北京银行	0/21	0/39	3/48	2/39	4/41	5/36	4/39	4/43	4/44	1/29	7/50	5/48
交通银行	0/69	1/116	0/89	0/100	0/95	0/108	0/118	0/150	0/118	0/127	0/123	0/88
工商银行	0/113	0/169	0/159	0/109	0/134	0/119	1/100	0/106	0/126	0/101	0/145	1/181
建设银行	15/135	14/125	18/157	16/113	36/66	83/130	91/177	101/203	114/270	98/222	137/392	148/302
中国银行	0/174	0/233	1/224	0/179	2/192	5/229	31/234	43/298	74/317	32/195	13/360	12/304
中信银行	0/23	0/25	0/64	0/23	0/49	0/35	0/32	0/53	0/60	0/60	0/93	0/71

资料来源：和讯银行网，http://data.bank.hexun.com/lccp/fsbd.aspx。

① 数字来自于中国证监会和中国银监会 2012 年 11 月统计数据。http://www.cbrc.gov.cn/chinese/home/docView/6ACF2187BE8B4214BD08E025D7C78D0B.html. http://www.csrc.gov.cn/pub/zjhpublic/G00306204/zqscyb/201212/P020121220405600781322.xls.

二、商业银行运作结构化产品的机制

(一)运作的过程

正确地对结构化产品进行会计核算、信息披露、风险监管,不仅需要了解结构化金融产品的风险收益特性,而且需要了解公司对此类产品的运作机制。

1. 第一阶段:结构化金融产品发售

商业银行卖出一款人民币结构性产品,获得资金。这笔资金可以单独投资运作,也经常与其他产品资金混合为资金池。到期需要支付投资者回报,可能为固定收益,也可能根据合约为浮动收益。

2. 第二阶段:资金池管理,将大部分资金投入金融市场

银行将募集资金投资于存款和无风险资产或低风险资产,由此可以获得存款利息,或者是债券等固定收益产品的收益,作为结构化产品最低收益的保障。

3. 第三阶段:衍生品交易,将投资收益波动的风险转移

同时从银行风险控制的角度,发行一款结构性产品,必然伴随着对该风险敞口进行相应套期保值操作。中资银行一般采用将投资收益(利息或债券收益)或部分本金用于和境外交易对手进行互换、期权或期货、远期等交易,具体根据结构产品的风险特征,采取相应的对冲产品。其结构往往是"固定收益部分+衍生产品",其中,前者主要有零息债券、附息债券、摊销债券及浮动利率债券四种类型,后者代表的衍生金融工具使混合工具的部分或全部现金流量随特定利率、金融工具价格、汇率、价格或利率指数、信用等级或信用指数,或类似变量的变动而变动,如嵌入在购入的可转换公司债券中的转换权等。

与境外银行进行衍生品交易时,人民币结构性产品的交易成本就是收益利息(利息或债券收益)或部分本金,并不需要交换全部的本金,这个为本金投资于本国固定收益产品提供了最低收益来源,衍生品最终收益和亏损主要采取轧差方式来处理。一方的盈利就是另一方的亏损,只需划账交易净盈利或亏损额,这个衍生品交易过程中中资商业银行可能会亏损,但是风险已经锁定,它主要承担的是没有达到产品宣传或者投资者预期的风险。

(二)风险转移中的对冲交易

在衍生品交易中,中资银行转移风险的方式主要有两种:一是与交易对手方进行背对背平盘。比如产品中嵌入的是股票看涨期权,商业银行作为看涨期权的卖方,必须再从交易对手方买入同样的看涨期权,即反向与另一个交易对手对冲掉。二是在金融市场中进行动态对冲,动态对冲方式要求比较高。往往需要根据复杂的金融工程模型,对产品精准定价,计算所需拆分的基础产品的数量比例,并根据基础产品价格变化及时间变量不断调整基础产品的对冲比例。如把卖出看涨期权拆分为一定比例的股票组合,并不断调整比例。

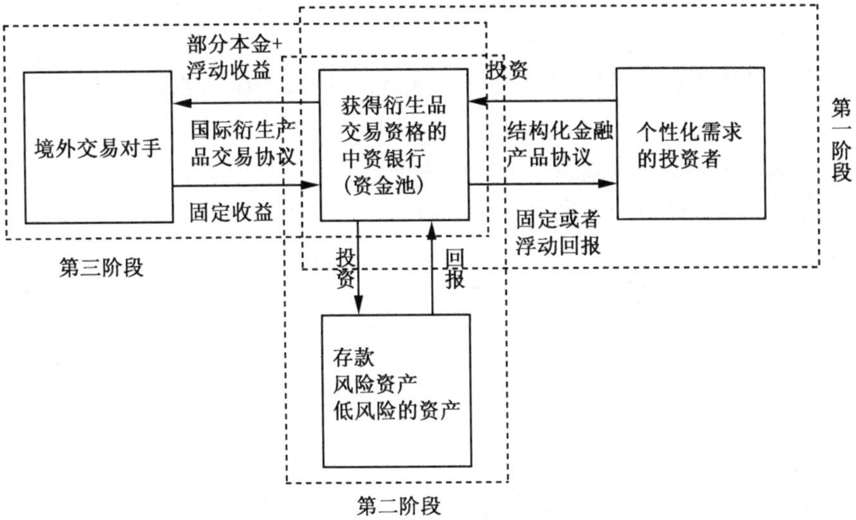

图 1　商业银行运作结构化产品的运作机制

三、准则对银行结构化金融产品会计信息披露的要求

(一)我国企业会计准则的规范

1. 嵌入衍生工具的会计规范

《企业会计准则第 22 号——金融工具确认和计量》(以下简称金融工具确认和计量准则)规范了包括金融企业在内的各类企业的金融工具交易的会计处理,要求企业将几乎所有金融工具尤其是衍生工具纳入表内核算。

嵌入衍生工具,是指嵌入非衍生工具(即主合同)中,使混合工具的全部或部分现金流量随特定利率、金融工具价格、商品价格、汇率、价格指数、费率指数、信用等级、信用指数或其他类似变量的变动而变动的衍生工具。

(1)主合同通常包括租赁合同、保险合同、服务合同、特许权合同、债务工具合同、合营合同等。嵌入衍生工具与主合同构成混合工具,如企业持有的可转换公司债券等。

(2)在混合工具中,嵌入衍生工具通常以具体合同条款体现。

(3)附在主合同上的衍生工具,如果可以与主合同分开,并能够单独转让,则不能作为嵌入衍生工具,而应作为一项独立存在的衍生工具处理。

嵌入衍生工具的会计处理尽可能使嵌入衍生工具与单独存在的衍生工具采用一致的会计原则进行处理。金融工具确认和计量准则规定,单独存在的衍生工具,通常应采用公允价值进行初始计量和后续计量。但是,主合同(非衍生工具)可能因为划分的类别不同(如划分为持有至到期投资、贷款和应收款项等),不会采用公允价值后续计量。因此,如果混合工具没有整体指定为以公允价值计量且其变动计入当期损益的金融资产或金融负债，则应当考虑能否将其从混合工具中分拆出来。

金融工具确认和计量准则规定，对于包括一项或多项嵌入衍生工具的混合工具而言，如果不是以下两种情况，那么企业可以将其直接指定为以公允价值计量且其变动计入当期损益的金融资产或金融负债：(1)嵌入衍生工具对混合工具的现金流量没有重大改变；(2)类似混合工具所嵌入的衍生工具明显不应当从相关混合工具中分拆。

按准则规定应将某嵌入衍生工具从混合工具中分拆，但分拆时或后续的资产负债表日无法对其进行单独计量的，应将整个混合工具直接指定为以公允价值计量且其变动计入当期损益的金融资产或金融负债。

根据前面对结构化产品的分析，结构化金融产品通常会内嵌一个或一个以上的衍生产品，它们有些是以合约规定条款(如提前终止条款)形式出现的；也有些嵌入式衍生产品并无显性的表达，必须通过细致分析方可分解出相应衍生产品。按照嵌入式衍生产品属性的不同，可以分为基于互换的结构化产品、基于期权的结构化产品等类别。由于每款结构性金融产品都会嵌入一个衍生产品或者衍生品组合，因此从会计确认的角度看，它属于金融工具中的嵌入衍生工具。

2. 套期保值交易准则

金融资产转移、套期保值的确认和计量，分别由《企业会计准则第 23 号——金融资产转移》和《企业会计准则第 24 号——套期保值》规范；权益工具与金融负债的区分等，由《企业会计准则第 37 号——金融工具列报》规范。

由于并非所有的套期保值交易都可以用套期会计，目前对套期保值业务会计核算要求五项条件：第一，在套期开始时，企业对套期关系(即套期工具和被套期项目之间的关系)有正式指定，并准备了关于套期关系、风险管理目标和套期策略的正式书面文件。该文件至少载明了套期工具、被套期项目、被套期风险的性质以及套期有效性评价方法等内容。套期必须与具体可辨认并被指定的风险有关，且最终影响企业的损益。第二，该套期预期高度有效，且符合企业最初为该套期关系所确定的风险管理策略。第三，对预期交易的现金流量套期，预期交易应当很可能发生，且必须使企业面临最终将影响损益的现金流量变动风险。第四，套期有效性能够可靠地计量，即被套期风险引起的被套期项目的公允价值或现金流量以及套期工具的公允价值能够可靠地计量。第五，企业应当持续地对套期有效性进行评价，并确保该套期在套期关系被指定的会计期间内高度有效。

从银行结构性产品的套期保值方法来看，一是通过金融工具对冲，如果使用衍生工具对衍生工具的对冲交易，不能运用套期保值会计。动态保值时随时调整买卖情况也就无法满足套期保值会计的文件要求。现实情况是很难采用套期保值会计。如果对冲工具为交易性金融资产，应按公允价值计量，价值变动计入当期损益。二是从国际投行购买对冲工具，应使用衍生金融工具的会计确认计量。

（二）国际准则的规范要求

IASB 于 2009 年 11 月发布了《国际财务报告准则 9 号——金融工具》，简化了金融工具的确认和计量，对于嵌入式衍生工具强调了不拆分。嵌入衍生工具核算的复杂在于如何判断能否拆分，ISA39 要求嵌入衍生工具在符合以下条件时，应与主合同分开，并作为衍生工具核算：（1）嵌入衍生工具的经济特征和风险与主合同的经济特征和风险没有密切关系；（2）与嵌入衍生工具的条款相同的单独工具符合衍生工具的定义；（3）混合（组合）工具不按公允价值计量，公允价值的变动也不计入净利润（或亏损）。判断是否满足三个条件并判断是否不拆分，其中会有过多的人为主观因素。而 IFRS9 强调了以不拆分为主，关键看混合工具的主合同情况。如果主合同属于"金融主合同"就不需要拆分，对"非金融主合同"的账务处理仍保留 IAS39 的规定。

四、银行对结构化理财产品的会计处理操作实务

（一）三个阶段的会计确认

根据前面对结构化理财产品的运作机制分析，以及国内外对嵌入衍生产品的会计规范，商业银行发行结构性产品涉及的三个阶段正好对应着三方面的会计处理：

（1）结构性产品所吸收的资金作为存款进行会计处理，即结构性产品存款一般作为以公允价值计量的金融负债，每期确认估值调整和公允价值损益，同时将支付给客户的收益确认为结构性存款损益。

（2）固定收益部分基础资产投放作为金融工具进行会计处理，即基础资产投资在会计处理时作为交易型金融工具投资及相关的投资损益或利息收入。

（3）对冲风险的衍生产品交易会计处理，将对冲所用的衍生工具视同自营的衍生品进行会计处理。

（二）损益的确认

在财务报告中，中国会计准则口径下，损益首先区分已实现和未实现，未实现收益部分确认为公允价值变动损益，已实现损益部分需根据损益性质确认为投资收益、利息收益等项目。一般来说，结构性产品相关的损益被确认为当期损益。从损益类型来看，可划分为"结构性存款损益""衍生产品损益""投资损益"和"利息收入"，又可以区分为已实现损益和未实现损益。

五、我国上市银行对结构化金融产品的信息披露现状

从表 1 可以看出，2012 年结构化产品发行较多的上市银行为中国银行、建设银行、工商银行、农业银行、招商银行、北京银行、民生银行。一般结构化产品的发行具有一定的连续性，抽取这几家银行的 2011 年年报，比较各家公司对发行的结构化产品的会计处理方式和信息披露内容，如表 2 所示。

表 2　　关于嵌入衍生产品的年报信息披露

银行名称	管理层讨论与分析	附注：主要会计政策 如何披露嵌入衍生金融工具的会计处理方法		是否披露结构性金融产品的名义金额及手续费收入	是否披露结构性产品的公允价值及高于本金的金额
中国银行	无	嵌入衍生工具有关的混合工具没有被指定为以公允价值计量且其变动计入当期损益的金融资产或金融负债，本集团从混合工具中分拆该嵌入的衍生工具，作为单独存在的衍生工具处理，对无法在取得时或后续的资产负债表日对其进行单独计量的，本集团将混合工具整体指定为以公允价值计量且其变动计入当期损益的金融资产或金融负债	2011 年将结构性存款及其他存款分别从“交易性金融负债”及“其他负债”重分类至“吸收存款”以与行业惯例保持一致。重分类后，资产负债表中的“吸收存款”按以摊余成本计量和以公允价值计量分两类列示。其中结构性存款以公允价值计量	无	无
建设银行	无	本集团的衍生金融工具主要包括利率掉期、可转换债券内嵌的期权、货币远期及掉期交易以及信用掉期等。衍生金融工具初始以衍生交易合同签订当日的公允价值进行计量，并以其公允价值进行后续计量。公允价值为正数的衍生金融工具确认为一项资产，公允价值为负数的确认为一项负债	集团持有的或发行的衍生金融工具主要用于管理风险敞口。初始确认时，衍生金融工具以公允价值计量。当公允价值为正数时，作为资产反映；当公允价值为负数时，作为负债反映。后续计量时，因公允价值变动而产生的利得或损失，计入当期损益。嵌入衍生工具在同时满足一定条件时，将与主合同分拆，并作为单独的衍生金融工具处理。主合同按照金融工具处理。	以理财产品整体手续费收入披露，不单独分为结构化产品	无
工商银行	无	结构化理财产品指定以公允价值计量且其变动计入当期损益的金融负债，所有已实现和未实现的损益均计入当期损益 采用套期会计，分为公允价值套期和现金流量套期 采用包括重大不可观察市场数据的估值技术进行估值的衍生工具主要为结构性产品。这些衍生工具采用现值模型估值，比如期权二项式模型。模型包括各种不可观察的假设，比如市场波动率	某些嵌入式衍生金融工具与其主合同的经济特征及风险不存在紧密关系，并且该混合工具并非以公允价值计量且其变动计入当期损益时，该嵌入式衍生金融工具应从主合同中予以分拆，作为独立的衍生金融工具处理。这些嵌入式衍生金融工具以公允价值计量，公允价值的变动计入当期损益。普通的衍生金融工具主要基于市场普遍采用的估值模型计算公允价值。估值模型的数据尽可能采用可观察市场信息，包括即远期外汇牌价和市场收益率曲线。复杂的结构性衍生金融工具的公允价值主要来源于交易商报价	不单独披露	只披露衍生金融工具整体的公允价值和按剩余到期日分析的名义金额，以及用于套期工具的名义金额和公允价值。通过净损益反映套期的有效性，并披露有关衍生金融工具的信贷风险加权金额
农业银行	无	包含一项或多项嵌入衍生金融工具的混合工具，除非嵌入衍生金融工具不会对混合工具的现金流量产生重大改变，或者所嵌入的衍生金融工具明显不应当从相关混合工具中分拆，在初始确认时可指定为以公允价值计量且其变动计入当期损益的金融资产。后续计量采用公允价值，变动形成的利得或损失以及与该金融资产相关的鼓励和利息收入计入当期损益 列示衍生工具合同的名义金额及其公允价值	对包含嵌入衍生金融工具的混合工具，如未指定为以公允价值计量且其变动计入当期损益的金融资产或金融负债，嵌入衍生金融工具与该主合同在经济特征及风险方面不存在紧密关系，且与嵌入衍生金融工具条件相同，单独存在的工具符合衍生金融工具定义的，应从混合工具中分拆，作为单独的衍生金融工具处理。如果无法在取得时或后续的资产负债表日对嵌入衍生金融工具进行单独计量，则将混合工具整体指定为以公允价值计量且其变动计入当期损益的金融资产或金融负债	无	无

续表

银行名称	管理层讨论与分析	附注：主要会计政策 如何披露嵌入衍生金融工具的会计处理方法		是否披露结构性金融产品的名义金额及手续费收入	是否披露结构性产品的公允价值及高于本金的金额
招商银行	无	当嵌入衍生工具可以大幅改变按原合同规定的现金流量，或嵌入衍生工具可以从金融工具分离，该金融工具初始确认时指定以公允价值计量且其变动计入损益的金融工具 所有衍生金融工具（含现金流量对冲金融工具）均归入这个金融资产。其公允价值正值作为资产入账，负值作为负债入账 嵌入衍生工具是衍生工具及主合同的混合（组合）工具的组成部分，该组合能使工具中的某些现金流量以类似于单独存在的衍生工具的变动方式变动。当符合条件时，嵌入工具将与主合同分离，并作为衍生工具入账。主合同作为金融工具入账	采用现金流量对冲，并测试套期的有效性。现金流量变动的抵消程度在80%～125%范围才被视为高度有效。可以采用套期会计核算。不符合采用套期会计的衍生工具，其公允价值变动而产生的任何收益或亏损，将会即时计入利润表中的公允价值变动净收益下的衍生工具项目内确认	单独在金融负债中披露已发行结构性存款证金额，并对比披露该金融负债公允价值对于合理可行替代假设出现重大变化的敏感度 不单独披露手续费收入	把衍生工具分为交易型衍生金融工具和现金流量对冲金融工具，只披露整体的公允价值和按剩余到期日分析的名义金额
北京银行	无	包含一种或者多种嵌入式衍生工具，从而使整体现金流量发生显著改变并且在初次考虑时即允许拆分其包含的衍生工具的金融资产或金融负债。初始确认时指定以公允价值计量且其变动计入损益的金融工具	嵌入衍生工具相关的混合工具没有被指定为以公允价值计量且其变动计入当期损益的金融资产或金融负债，同时满足下列条件，集团从混合工具中分拆该嵌入衍生工具，作为单独存在的衍生工具处理：（1）与主合同在经济特征及风险方面不存在紧密关系；（2）与嵌入衍生工具条件相同、单独存在的工具符合衍生工具定义。无法在取得时或后续的资产负债表日对其公允价值进行单独、可靠计量的，集团将混合工具整体指定为以公允价值计量且其变动计入当期损益的金融资产或负债。分拆后，主合同按照相应类别金融工具进行计量	披露理财业务手续费收入	披露集团持有的衍生金融工具未到期合约金额及公允价值
民生银行	无	嵌入衍生金融工具分拆后，如主合同为金融工具，应按照相应类别金融资产或金融负债进行处理 对于不满足套期会计条件的衍生金融工具，其公允价值变动，包含合同利息，计入当期损益。本集团未将任何衍生金融工具按套期会计进行核算	嵌入衍生金融工具在同时满足下列条件时，将与主合同分拆，并作为单独的衍生金融工具处理：（1）该嵌入衍生金融工具的经济特征和风险方面与主合同并不存在紧密关系；（2）与嵌入衍生金融工具条件相同，单独存在的工具符合衍生金融工具定义；（3）混合（组合）工具不以公允价值计量且其变动也不计入当期损益	披露集团持有的衍生金融工具未到期名义金额及公允价值	对于不满足套期会计条件的衍生金融工具，其公允价值变动，包含合同利息，计入当期损益。本集团未将任何衍生金融工具按套期会计进行核算

资料来源：根据各上市银行2011年A股年报资料整理而成。

由表2可得出：（1）对嵌入衍生工具大部分采用了分拆处理，也有个别采用整体不分拆。（2）对于衍生品套期交易部分，只有少量的银行采用了套期会计，并测试披露套期的有效性。（3）对结构性产品的相关信息披露不多，未具体披露结构性产品的种类、发行数量、销售量及相关收入、结构性产品公允价值的评估方法。各家银行仅在交易性金融负债或指定以公允价值计量且其变动计入当期损益的金融负债下披露公允价值和简要说明。中国银行、工商银行的披露较为详细。

六、我国对银行结构化金融产品信息披露的改进方向

(一)规范信息披露内容和方式

结构性产品包含的衍生品风险对商业银行的影响不容忽视,提高信息披露程度是必需的,也便于外部、内部考核此类产品创新盈利的状况。我国商业银行对结构性产品的披露方法和内容各不相同,虽然大致采用了相同的会计处理,但是规范性较弱,仍存在较大的专业判断空间,而披露不充分。随着结构化产品开发力度的加大,金融机构对于指定为以公允价值计量的结构性产品应能做到单独披露,在披露方式、列示项目、公允价值估值方法、估值模型的有效性评价、使用的主要参数方面均可做进一步统一。

从境外商业银行结构化金融产品信息披露的实践来看①,境外商业银行均发行了结构性产品,且在年度报告中披露,境外商业银行对结构性产品采用了不同的会计政策,部分将其整体指定为以公允价值计量且其变动计入当期损益的金融工具,但在归并口径上,部分境外银行将指定的负债归为"吸收存款"项目,意味着虽然按照会计准则的要求,这部分存款被指定为以公允价值计量,但从监管角度仍将其归为存款,缴纳存款准备金。部分银行对其进行了拆分,衍生工具部分作为衍生品进行处理,基础资产部分则确认为存款、其他资产、负债。

境外商业银行结构性产品的信息披露较为详细,体现为如下方面:

(1)在业务回顾中,介绍了结构性产品涉及的主要风险以及管理风险的方法。对结构性产品的专项经营业绩分析,包括业务规模、相关收入变化原因等。

(2)在风险管理中披露结构性产品的持盘净额、信贷风险等。

(3)披露结构性产品的公允价值估值方法、估值使用的主要参数等。

(二)加强对产品估值技术和动态风险对冲效果的评价

评价估值技术计算的公允价值是否符合行业惯例,是否可以从当期可观察到的市场交易中相同或类似金融工具的价格进行验证。对符合审批程序对估值技术所采用的假设和市场预期进行评估,包括检查模型的假设条件和定价因素、模型假设条件的变化、市场参数的性质、市场是否活跃、未被模型涵盖的公允价值调整因素,以及各期间估值技术运用的一致性。估值技术经过有效性测试并被定期检验,且在适当情况下进行更新以反映资产负债表日的市场情况。

对于无法获得活跃市场报价的金融工具,往往使用估值模型计算其公允价值。估值模型(如现金流贴现模型)应经过具有专业资格并独立于模型设计人员的专业人士定期地进行评估验证。估值模型尽可能地只使用可观测数据,但是管理层仍

① 中国金融会计学会.中国金融会计学会重点研究课题获奖文集(2011)[M].北京:经济管理出版社,2011.

需要对如信用风险(包括交易双方)、市场利率波动性及相关性等因素进行估计。但就上述因素所做出的假设若发生变动,金融工具公允价值的评估将受到影响。对此类产品的评价及公允价值计量存在不稳定性,关于信息披露内容应专门进行讨论。

(三)政府加大信息监管和开发销售资质管理

随着理财产品的热销,市场中频繁出现各种产品亏损清盘、投资人受损的案例。结构化产品的特性更使得此类产品容易成为单独对应某个资产组合的产品,为维持投资的连续性和收益的稳定,往往依赖于发行新的理财产品承接原有资产组合,即对理财产品形成资金池的管理,收益的真实情况难以分辨和披露,被指责为庞氏骗局,形成了金融系统中的潜在风险。目前,结构化理财产品的开发一般由商业银行总行开发并对冲控制风险,基层监管部门的职责更多停留在产品销售环节。总行的监管部门与分支机构的监管部门之间的信息难以联动,容易出现风险监管漏洞。应将分支机构发售理财产品的有关情况纳入非现场监管报表体系,提高银行理财业务信息收集的有效性、准确性、完整性,方便日常非现场监管分析。还可以参照基金净值查询方法,强化银行对结构产品信息公告的及时性。金融混业经营下,更多的金融机构会从事理财产品开发销售,可以形成理财产品牌照管理制度,严格资质准入,保护投资者利益。

【参考文献】

1. 钟华.人民币结构性产品:银行赚钱“新利器”[J].证券市场周刊,2007-10-17.

2. 中国金融会计学会.中国金融会计学会重点研究课题获奖文集(2011)[M].北京:经济管理出版社,2011.

3. 新平.银监会应严厉监管银行理财产品[J].21世纪经济报道,2012-12-18.

4. 财政部会计司编写组.企业会计准则讲解(2010)[M].上海:人民出版社,2010.

5. 中华人民共和国财政部制定.企业会计准则:应用指南(2006)[M].北京:中国财经出版社,2006.

6. 中国银监会网站.

7. 中国证监会网站.

“证券公司会计”课程创新研究

刘 莹

一、当前证券公司会计的教学状况

“证券公司会计”课程作为本校金融会计的专业主干课程，已经在2009级三个班级完成了教学。本课程融合“金融市场学”“投资银行学”“会计学”等学科，要求根据《金融企业会计制度》《金融企业会计制度——证券公司会计科目和会计制度》和相关法规，讲解证券公司主要业务的会计核算，加强证券公司会计的规范与完善。作为本校金融会计专业的主干课程，教学设计了54个课时3个学分。作为和“银行会计”同时开设的专业课程，“证券公司会计”课程比“衍生金融工具会计”和“基金会计”“保险会计”“信托会计”等要早一个学期进入教学环节。当前教学中的主要经验为：

（一）教学内容中以业务介绍为先导，可以顺利导入会计核算

对于会计专业的学生而言，现在的教学方案是第三学年开设“证券公司会计”课程，这门课程几乎与“证券投资学”“金融市场学”课程同时进行，由于课程之间内容衔接时点、教学重点的不同，往往出现教学到某种业务形式时，学生无法理解业务的内容和步骤、风险控制要点。而会计核算是与业务的分布确认紧密相关的，无法理解业务的步骤，就无法准确判断和理解会计核算的确认、计量和记录。学生已经得到了“中级财务会计”课程的教学，并正在进行“高级财务会计”课程，可以推断学生对掌握会计核算的一般原则已经不存在问题，关键在于通过证券公司业务的介绍让学生理解和掌握金融机构的核算方法。因此，教学环节中的充分介绍补充了这方面的内容，既消除了学生的陌生感，又用现实的业务操作激发他们的兴趣。作为导入环节，这部分内容必须讲清楚、教透彻，这是很有效的方法。

（二）学生以小组互助开展案例学习效果较好

为了引导学生自主了解证券公司业务，我们课程教学中设计了相当于10个课时的案例讨论，由学生组成小组搜集证券公司某个方面的案例资料，给其他学生做出详细介绍和透彻分析，这种方式充分调动了学生的积极性，让他们主动参与教学环节。这种方式既补充了学生自己感兴趣的教学内容，又可以深入引导学生对于证券公司业务风险控制、绩效评价等方面的理解，是一种非常有益的形式。

（三）课时设计中的实验环节难以开展

会计工作重在实践，因此大部分会计专业课程都会配套实验课程，如手工实

验、上机软件实验等。目前,"证券公司会计"课程的实验教学难以开展,一方面是配套教材、试验资料、实验软件缺乏;另一方面是教师缺乏一线工作经验,对实际工作细节不清楚。市场上虽然开发了金融会计方面的实验软件,但是成本较高,给实际教学应用造成很大门槛。实验重在接近实际,金融市场的革新速度在资本市场多层次化建设的今天是在加速进行的,迅速接轨实际也有很多成本和困难。实际教学中发现以下方面的问题:(1)目前设计的实验课没有真正做到要求学生实际全面操作会计核算,主要采用案例分析、综合习题方式。(2)实验课上要求学生进行案例分析时,学生很少从会计核算方面准备案例分析,大多局限在证券公司财务风险、危机方面。(3)实验案例没有采用综合案例,涉及的内容局限在某种业务,不能全面体现一定时期内证券公司的各项业务核算。

二、与教学对应的证券公司财会实践工作面临的主要问题

(一)业务结构变革和产品创新中的会计革新需求

2012 年 5 月召开证券行业的创新大会之后,在相关政策的支持下,中国证券行业已步入自主创新的密集期。中国证券业未来重点创新包括九大领域:信用交易、金融产品销售、固定收益证券、做市商交易、资产证券化产品、并购基金、另类产品投资、对冲基金管理、衍生品交易。信用交易、并购基金、对冲基金管理和衍生品交易四大领域是未来创新的重点领域。目前,融资融券等类信贷业务的发展正步入上升期;随着中国经济结构的调整,企业并购将快速增长;衍生品相关收入在国际投行中占比很高,目前上交所和中金所正积极发展衍生品市场的开发,给证券公司提供了另一种业务收入来源。当前证监会开放了证券公司的产品创新及销售管理,证券公司不再简单地提供通道服务,而转型融入金融混业经营。金融产品销售、固定收益证券、做市商交易、资产证券化、另类产品投资五大领域也存在着创新动因。业务的创新给会计核算的更新带来挑战,在教学中如何紧跟业务实践,密切联系市场的发展和变化对教师要求较高。要求教师必须了解市场、透彻掌握会计准则的相关规定,并有较强的沟通能力,与实务界人事不断联系、学习、交流,使教学成为不断更新的课堂。

(二)会计信息的有效合理使用

对于金融行业而言,由于业务往来金额大、流动性变化极端情况可能出现,在对金融行业的会计信息管理上,各个金融监管部门都从严制定了资本金制度。目前的监管强调净资本控制,定期对重要会计信息进行汇报,评价风险程度。而在证券公司内部,随着业务创新和丰富的金融产品的出现,也要求内部加强风险控制。会计信息集合了各部门及产品的信息实时跟踪,是风险评价和控制的第一手信息资料。合理使用、加工会计信息,对经营者和监管者都意义重大。

金融行业内部强调激励机制,这需要建立在合理正确的绩效管理基础上。一般需要结合财务和非财务指标进行测评,并且注重风险管理的评价。混业经营之

后，证券公司的金融资产更加复杂，当市场出现极端价格波动时，可能使资产与负债迅速发生变化导致严重不匹配，证券公司考核绩效水平就必须分析各部门各业务的风险因素，统筹考虑收益与成本、市场与风险的关系，科学合理地评判业务单位和人员的经营业绩，并将考核结果运用于激励和改进管理。证券公司绩效考核体系在评价价值创造的同时，要实现收益与风险、规模与成本并重，使短期盈利水平与长期盈利能力结合起来，从制度上引导和规范经营行为。搭建管理会计的框架，充分利用财务信息的优势，将会计信息尽可能服务于公司管理决策是实务工作部门的重点，尤其在充分创新的竞争环境下。

（三）注重加强 IT 信息管理

由于证券公司的业务日趋复杂，在整体的管理信息系统中，更应强调会计信息系统的预警和管理权限等问题。遵循安全性、实用性、可操作性原则，制定 IT 信息管理的规章制度、操作流程、岗位操作手册和 IT 系统应急计划；每个流程都应列明业务控制点和风险控制点。主要业务系统及操作系统根据管理权限审批授权，按不同岗位的职能需求为最终用户实施系统授权，按用户的岗位变动情况相应调整用户权限。公司内部网络（含办公系统、柜台交易系统、网上委托系统）必须建立反病毒侵入防护措施，指定专人负责计算机病毒防范工作，定期进行病毒检测。数据库管理系统由专人掌管，使用的密码口令定期更换，公司技术部门不定期组织对系统管理员的专业稽核检查。禁止管理员以任何方式和目的修改交易数据库。建立交易数据的保存、备份制度，对数据备份、审计记录的定期查验制度。制定公司内部网络运行安全标准，保证交易数据的安全、真实和完整，并能及时传递到业务用户部门。公司的 IT 信息系统、设备、信息技术人员实行统一归口管理。由专业部门统一管理信息系统规划、建设、管理。对 IT 项目的立项、设计、开发、测试、运行和维护整个过程，明确业务主管部门和稽核监督部门的职责，严格划分软件设计、业务操作和技术维护诸方面的责任。IT 系统投入运行前，必须经过业务、技术、稽核等部门完成必要的测试工作和投入运行前的联合验收工作，并由主管负责人批准。系统设计、软件开发等技术人员与实际业务操作人员必须独立，证券交易计算机系统的日常维护和清算管理人员必须独立于会计部门、交易部门。

三、证券公司会计教学的创新方向

（一）改革补充实验教学内容

教学中已经讲授了证券公司会计的主要业务核算内容，并根据三个主要模块开设了 6 个课时的实验内容。实验课程要求从证券公司的主要业务会计处理出发，既要体现实务性、现实性，又要具有一定的前瞻性和理论性。实验课程创新作为研究方向，应强调实验内容的全面性核算、创新性案例、应用性操作。建设步骤和措施包括：证券公司的调研分析，联系证券公司相关人员，征询意见；实验资料的收集准备，联系其他会计同行，沟通实验设计技巧，整理思路；实验案例的策划整理，研究小组分工合作设计案例及习题；实验课时的反馈分析，在学期教学内容中进行试用，观察出现的问题；实验案例的调整修改，根据学期试用调整相关案例、资料。

（二）增加证券公司内部控制管理方面的章节内容

由于监控不当导致证券行业几次大的冲击，曾经知名的大券商都被清洗出局。在会计教学中应当增加内部控制和内部审计方面的讲解，让学生全面认识问题。应当强调建立和监控企业集团的内部控制机制遵守状况，建立符合《公司法》《公司章程》规定的决策程序和管理议事规则；建立有效的内部监督和反馈系统，以及对各项业务风险评价机制、内部控制的检查评价机制、对内部违规违章行为的处罚机制。例如，按照《证券法》及其他相关专业法规、规章的要求，制定公司各项业务活动的规章制度、操作流程和岗位操作手册；每个部门业务都列明业务控制点和风险控制点，并对各个业务风险点设置控制程序。在运营体系上确立主要业务活动的风险控制目标和控制策略，建立风险控制工作制度、风险控制流程和报告系统。公司各主要业务部门和岗位，制定科学的员工聘用标准、岗位定价标准、岗位操作手册和员工素质提高计划，建立聘用与培训、薪酬与劳动保障、业绩考评及晋升、岗位轮换等人事管理制度。公司实行一级法人体制，对各级分支机构的经营管理活动实行法人授权制度；重要的业务和经济活动，必须是在其得到授权后进行的。对重要岗位（分支机构、营业部负责人和财务主管等）实行派出制、定期岗位轮换制和考核制。设立专门的内部稽核管理部门，行使综合性的内部监督职责，直接接受法定代表人的领导。有健全的内部稽核管理制度、稽核岗位责任制度和稽核人员奖惩制度。稽核工作实行垂直领导，总公司设立总稽核；对分支机构实行区域化管理，设置区域稽核专员。对分支机构和下属部门的全面稽核实行周期制循环稽核；对个案采用专项稽核；对分支机构的主要负责人离任必须进行离任审计，出具审计报告等。

（三）增加证券公司资产管理内容的介绍

资产管理新规解放了券商的生产力，政策松绑是主要原因。数据显示券商资产管理规模呈几何级数式增长的一组数据：2011 年年末达2 819亿元，2012 年中期达4 802亿元，2012 年三季度达到9 295亿元。至 2012 年 12 月初，券商资产管理规模达到 1.2 万亿元。年末或许整个规模还会跃增至 1.5 万亿元。券商 1.2 万亿元的资产管理规模中，定向资产管理规模已超过 1 万亿元，集合理财产品规模为 1 900亿元，专项资产管理规模仅为 100 亿元。在冲刺规模之后，券商更多地将开展差异化竞争争取客户资源。教学中注意增加这部分的讲授内容，包括资产管理业务在公司的统一财务计划内，由资产管理部门统一受理和专人管理，定期向公司决策部门报告委托理财业务的头寸情况。每一笔资产管理业务的审核、批准，包括投资策略、投资品种及其组合等，都严格按授权和委托协议书执行。对客户选择标准、客户关系管理、投资方向确定、资金结算以及文本规范等进行标准化管理，每笔业务均要求客户提供委托资产合法性的承诺函。理财的期限一般不低于1年,不提供保底的委托协议及资金融通。建立专职的核算部门,对受托资金专户独立核算,对委托资产的投资活动进行监控和统计。建立规范的操作管理制度,每个流程都列明业务控制点和风险控制点,落实专门人员,随时监控每笔受托资金的使用情况。根据受托资金的使用效益及时调整资产管理的具体措施。不允许将受托资金与自有资金混同使用,禁止将客户委托资产(含代保管证券)进行非法抵押、回购或卖空。

【参考文献】

1. 吴庆晅,周航.证券公司应用战略管理会计的必要性与可行性研究[J].对外经贸,2012,(10).

2. 王聪,宋慧英.市场结构、股权结构与证券公司成本效率——基于PR模型的静态、动态考察[J].投资研究,2011,(11).

3. 孙海洋,骆兆华,曹文玉.我国证券公司内部风险控制[J].东方企业文化,2011,(20).

对证券投资基金会计特征教学规律的认识

莫桂青　吴大器

证券投资基金会计是会计学的基本原理在证券投资基金中应用的产物，是会计学按行业进行分类的一个特定分支。证券投资基金会计与证券投资基金运行、管理紧密相关，它与一般营利性企业会计相比存在着众多显著的差异。随着金融市场的发展，逐年增多的证券投资基金管理公司管理着越来越多的证券投资基金产品，但目前我国的证券投资基金会计教育还处于相对落后的位置，需要认清教学中的相应规律，亟待重视。

一、证券投资基金和证券投资基金会计核算

（一）证券投资基金和证券投资基金会计核算的概念

证券投资基金（简称"基金"）[①]是指通过发售基金份额，将众多投资者的资金集中起来，形成独立财产，由基金托管人托管，基金管理人管理，以投资组合的方式进行证券投资的一种利益共享、风险共担的集合投资方式。基金所募集的资金在法律上具有独立性，由选定的基金托管人保管，并委托基金管理人进行股票、债券等分散化组合投资。基金投资者是基金的所有者。基金投资收益在扣除由基金承担的费用后的盈余全部归基金投资者所有，并依据各个投资者所购买的基金份额的多少在投资者之间进行分配。

基金会计核算是指收集、整理、加工有关基金投资运作的会计信息，准确记录基金资产变化情况，及时向相关各方提供财务数据以及会计报表的过程。

（二）区分证券投资基金、政府会计之基金以及企业年金基金

1. 政府会计之基金

政府会计中通常都设置多种基金，这些基金是相对独立的会计主体，用以分别核算不同用途的财务资源的来源和使用情况以达到有关规定的要求。

2. 企业年金基金

企业年金基金是指根据依法制定的企业年金计划筹集的资金及其投资运营收益形成的企业补充养老保险基金。我国企业年金采用信托型管理模式，实行以信托关系为核心，以委托代理关系为补充的治理结构。企业和职工作为委托人将企

---

① 本文所指的证券投资基金为契约型基金。

业年金基金财产委托给受托人管理运作，是一种信托行为。企业年金基金作为一种信托财产，独立于委托人、受托人、账户管理人、托管人、投资管理人和其他为企业年金基金提供服务的自然人、法人或其他组织的固有财产及其管理的其他财产，应当作为独立的会计主体进行确认、计量和披露。

二、证券投资基金会计的显著特征

(一)在会计基本前提方面的特征

在会计基本前提方面，证券投资基金会计除了在货币计量和持续经营前提上与一般营利性企业会计相同之外，在会计主体和会计分期前提上存在着其独特之处。

1. 会计主体

会计主体是会计为之服务的特定对象，也即会计确认、计量和报告的空间范围。为了向财务报告使用者反映特定对象的财务状况、经营成果和现金流量，提供对其决策有用的信息，会计核算和财务报告的编制应当反映特定对象的经济活动，才能实现财务报告的目标。

在证券投资基金会计中，会计主体是基金，而不是作为企业的基金管理公司。因此，要区分证券投资基金会计主体与基金管理公司会计主体。

2. 会计分期

传统的会计分期一般以年度、半年、季度和月份为单位，分期反映会计主体的财务状况。但对于证券投资基金来说，这种期间的划分远远不能满足投资者的需要，其原因在于在基金封闭期过后的每个交易日投资者可以申购和赎回基金份额。为正确核算投资者申购和赎回基金份额的价值，应当从及时性原则出发，将基金会计期间细化，即以周甚至日为核算披露期间。目前，我国的证券投资基金会计核算均已细化到日，需每日公布基金份额净值。

(二)会计核算和报表编制方面的特征

1. 会计核算和会计复核的责任人

证券投资基金的当事人包括投资者、基金管理公司和托管人。作为证券投资基金当事人的基金管理公司和托管人承担着会计核算和会计复核的责任。

基金管理公司管理基金资产，同时也是证券投资基金会计核算的责任主体，它对其所管理的基金应当以基金为会计核算主体，单独建账，独立核算，单独编制财务报表，以保证不同基金在名册登记、账户设置、资金划拨、账簿记录等方面相互独立。

由于基金托管人对基金管理公司计算的基金资产净值以及基金业绩报告负有复核责任，因此，基金托管人也需要对所托管的证券投资基金进行会计核算，并将有关结果同基金管理公司相核对。

2. 金融资产和金融负债的分类

证券投资基金以投资管理为主要业务，其目的是在承受风险的同时获取较高的资本利得收益，投资管理活动的性质决定了其取得的金融资产或金融负债是交易性的；同时，对于开放式基金而言，其持有的金融资产必须能随时变现，以应对基金持有人赎回基金份额。因此，除非基金合同另有约定，基金持有的金融资产和承担的金融负债通常归类为以公允价值计量且其变动计入当期损益的金融资产和金融负债。这与一般营利性企业不同，一般营利性企业将取得的金融资产或承担的金融负债在初始确认时结合自身业务特点和风险管理要求分为以下几类：以公允价值计量且其变动计入当期损益的金融资产或金融负债、持有至到期投资、贷款和应收款项、可供出售金融资产以及其他金融负债。上述分类一经确定，不得随意变更。

3. 会计报表编制

基金财务报表反映基金管理人受托责任的履行情况，应当包括会计报表、会计报表附注和其他应当在财务会计报告中披露的相关信息和资料。会计报表至少应包括资产负债表、利润表和所有者权益（基金净值）变动表。从这一点我们可以看到，在报表编制方面，基金财务报表没有现金流量表，这与一般企业报表不同。

证券投资基金资产主要来自于投资者投入的资产，负债所占比重相当小，所以它不存在因现金不足以至于不能及时偿还负债而影响基金运作的事情；基金生存与发展的前提是基金能获得足够的资本利得收益，这是投资者关注的重点；当投资者需要赎回基金份额时，基金管理人能通过及时出售基金持有证券来获取所需现金。从以上三个方面可知，投资者和债权人并不十分关注现金流量的问题，所以无须对外编制现金流量表。与之相比，一般营利性企业的现金流转情况在很大程度上影响企业的生存和发展，投资者和债权人关注企业现金流状况，所以需编制现金流量表。企业现金充裕，就可以及时购入必要的材料物资和固定资产，及时支付工资、偿还债务、支付股利和利息；反之，轻则影响企业的正常生产经营，重则危及企业的生存。

虽然如此，现金头寸状况对证券投资基金运作仍是非常重要的，它关系到基金是否有足够的现金在恰当的时机进行投资以获得较好的资本利得收益以及应对基金份额赎回问题。因此，基金会计应对内编制现金头寸表向投资部门提供未来一定期间可以使用现金总额的信息。

三、对证券投资基金会计特征教学的若干认识

目前，在我国的会计教育中，证券投资基金会计落后于企业会计教育。

在学历教育方面，我国高等院校会计学专业普遍不开设“证券投资基金会计”课程。这一点可以从高校会计学专业的系列教材中得到证实，到目前为止，国内已出版的有关证券投资基金会计的教材寥寥无几。另外，因银行涉及基金托管业务，所以在部分银行会计的教材中有关于基金托管的会计内容，但并未涉及银行对证券投资基金会计进行复核的相关内容。因此，可以说我国近年来接受过高等教育的会计学专业毕业生几乎都没有系统地学习过证券投资基金会计。在职业教育方面，全国会计专业技术资格考试和全国注册会计师资格考试中均未涉及证券投资

基金的相关内容。随着金融市场的发展，我国证券投资基金会计教育将在今后得到一定的发展。

结合我们进行的《基金与基金管理公司会计》教材编写以及在其他会计课程教学中的相应实践，特别关注证券投资基金会计特征的教学环节，认识其独有规律十分重要，我们的相应认识有：

（一）明确基金会计主体，界定空间范围

基金管理公司和基金托管人应以单只证券投资基金作为独立的会计主体进行核算，其中前者承担主会计责任。界定这一会计主体的意义在于：一是将证券投资基金的管理主体即基金管理公司的经营活动与证券投资基金的投资管理活动区别开来；二是将基金管理公司管理的不同基金之间的投资管理活动区别开来。明确了会计主体，就界定了从事会计工作和提供会计信息的空间范围。

（二）强调会计分期，维护基金份额持有人的利益

会计分期细化到日，这就对会计核算及时性提出了非常高的要求，在基金会计教学中应突出这一时点要求。对于任何交易或事项都需在规定时点进行会计处理，否则将无法正确反映当日基金份额净值。如开放式基金的申购和赎回逐日进行，因此需逐日计算债券利息、银行存款利息等，逐日预提或待摊影响基金份额净值小数点后第 5 位的费用，逐日对基金资产进行估值确认，货币市场基金一般每日结转损益等。这样做的目的是正确核算基金份额的净值，维护基金份额持有人的利益。

（三）重点介绍投资业务或事项，掌握证券交易的规则体系

证券投资基金主要投资于政策允许范围内的有价证券和衍生金融工具，包括股票、债券、资产支持证券、权证、远期投资等有价证券和衍生金融工具的买卖及回购交易等。因此，证券投资的会计核算是基金会计教学的重点内容。

基金可以投资的证券种类繁多，而且不同证券市场上交易的各种证券在资金清算与交收、证券交割方面存有一定差异，内容较多且容易混淆，这给基金会计教学带来了挑战。因此，为正确核算证券投资交易、及时掌握基金现金头寸变动情况以及进行证券估值，需重点介绍不同证券市场中各种证券交易的规则。

随着我国金融证券业的健康发展，证券投资基金会计正在规范细化中逐步显现其不可或缺的作用，紧扣证券投资基金会计特征，加强其教学规律性的探索，已日益重要，亟待深入梳理与实践。

【参考文献】

1. 中国证券业协会.证券投资基金[M].北京：中国财政经济出版社，2011.
2. 中国证券业协会.证券投资基金法律法规汇编[M].北京：中国财政经济出版社，2008.
3. 财政部会计司.企业会计准则[M].北京：中国财政经济出版社，2006.
4. 财政部会计司.企业会计准则讲解[M].北京：中国财政经济出版社，2010.
5. 莫桂青，吴大器.基金会计[M].上海：上海财经大学出版社，2012.

认知负荷理论与银行会计教学问题探讨[①]

莫桂青　张慧珏

银行会计是一门专业会计,它是以货币为主要计量单位,采用独特的专门方法,对银行的业务和经营活动进行全面、系统、连续的核算和监督,并进行预测分析,为银行的经营管理者及其他会计信息使用者提供决策所需的财务和相关经济信息的信息系统。作为会计学科的一个重要分支,目前国内很多高校的会计学专业及金融学专业都开设"银行会计"课程。随着银行业务的不断创新和服务能力的日益扩大,银行从业人员需要具备更高更好的专业素质。作为"银行会计"课程的教师,也一直面临着"如何提高学生的学习效率并最终取得较好的教学效果"的挑战。本文拟在简要介绍认知负荷理论的基础上,结合"银行会计"课程的特点和难点提出在教学中引入认知负荷理论并对在教学中如何应用该理论进行一定的探讨。

一、认知负荷理论的定义

认知负荷理论(Cognitive Load Theory,CLT)作为"解决问题的实验"的结论,由澳大利亚的约翰·斯威勒(John Sweller)和其同事在20世纪80年代中期提出,该理论主要关注如何提高复杂任务的学习效率。

(一)CLT的理论基础

CLT理论建立在人的认知结构由工作记忆(短期记忆)、长时记忆以及图式组成的理论基础上。工作记忆在短期内(30秒)只能存储3～5块不相关联的信息块(信息块是由相关联的信息元素组成的),这种能力随个体不同而变化。图式由工作记忆中的信息块元素产生;在多次反复之后,长期的图式信息转化成长期记忆,形成新的图式或对现有相关的图式做补充或调整。尽管长期记忆中的图式会越来越复杂,但工作记忆在需要时能够将非常大且复杂的图式提取出来并将其视为一个信息元素,所以不会像处理新信息那样增加工作记忆的认知负荷。

(二)CLT的三类认知负荷

CLT理论认为,对于任何学习目标而言,工作记忆中所需存储的信息的数量和复杂程度会显著影响学习效率。存储这些信息要付出努力,这种努力被称作"认

① 本文发表于2013年3月《金融高教研究》。

知负荷”。CLT认为存在三种类型的认知负荷:内在负荷(Intrinsic Load)、外在负荷(Extraneous Load)以及相关负荷(Germane Load)。

1. 内在负荷

内在负荷是指工作记忆对认知任务本身所包含信息元素的数量及其交互性进行认知活动所产生的认知负荷。这些信息最终将综合成或成为图式的一部分,所以这是学习所必需和有价值的负荷。内在负荷水平与个体已有图式水平有关。也就是说,在学习新知识时,学生已有的知识会影响认知负荷水平。因此,内在负荷受到三个方面因素的影响:(1)认知任务本身的复杂程度;(2)已有知识图式;(3)个体工作记忆能力。

2. 外在负荷

外在负荷是指由于教学方法不当所产生的不必要的工作记忆负荷,这类负荷会降低学习效率并且会妨碍图式的形成。

3. 相关负荷

相关负荷是指工作记忆用以组合材料、形成图式所需的负荷,外在表现为认知过程与结果。对于大部分人来说,在形成较大图式之前需要进行大量的练习和重复学习。重复足够多遍之后,新形成的图式将成为长期记忆的一部分。这种负荷是学习时所必要的负荷。

因此,一个高效的教学设计就必须优化内在负荷、降低外在负荷并增加相关负荷。

二、在“银行会计”课程教学中引入CLT理论的原因

在与“财务会计”课程比较的基础上,结合笔者以及其他教师[如代桂霞(2009)、梁红英(2009)、崔澜(2008)]的教学经验,我们总结出“银行会计”课程的特点及难点主要体现在以下几个方面:(1)需要使用“财务会计”课程中未涉及的共同类会计科目和表外科目且数量较多;(2)兼用单式复式记账法,学生容易漏掉表外科目的记账;(3)会计凭证及单据种类、联次繁多;(4)业务流程特殊、复杂。这些特点和难点都是“银行会计”课程特有的内容,在“财务会计”课程中并未出现过或系统地出现过,学生是作为一个新手来学习较难的知识点。另外,在“银行会计”课程中,会计学专业学生和金融学专业学生的知识背景、兴趣和能力是不一样的,且绝大部分的学生并不熟悉银行业务,要让他们在50多个课时内熟悉银行业各种特殊的业务流程并掌握会计处理,具有一定的难度。这在一定程度上导致课堂教学效果不够理想,学生毕业进入银行工作之后还要接受全面的培训;教师也在不断摸索和总结“银行会计”课程的教学方法以期提高教学效果。

Schnotz 和 Kürschner(2007)、Clark 等(2006)以及 Paas 等(2004)认为,CLT不断强调最优认知负荷会提高学习效率并降低学习者的压力,因为对各种负荷进行优化组合不会增加精神努力从而不会超出学生的工作记忆能力范围。这就意味

着最优化内在和相关的负荷并减少外在负荷能提高学习效率并增强将知识转化为解决问题的能力。因此，笔者建议在“银行会计”课程教学中引入认知负荷理论，从而在一定程度上提高学生的学习效率并减轻他们的学习压力。当然，引入该理论并不能解决所有问题，提高学习效率和缓减压力还需要教师采用更多有用的教学方法和手段。

三、在“银行会计”课程教学中应用CLT来提高学生学习效率的方式

“银行会计”课程的教学目的是使学生能够对银行业务进行准确的处理并最终编制会计报表。为此，教师应该采用科学的设计、合理的方法来优化内在负荷、降低外在负荷并通过作业练习来促使图式的发展并形成长期记忆，从而使学生快速而有效地学习。

（一）优化内在负荷

影响内在负荷的三个可能因素中，学生已有的会计图式（Schema）以及学生的工作记忆能力是确定的，教师仅能控制认知任务本身的复杂程度这一因素。因此，如何优化内在负荷，降低认知任务本身的复杂程度成了教师关注的问题。

在进行“银行会计”课程教学时，教师应根据教学经验，对于难学的知识进行适当的补充说明。在进行补充说明时，要注意掌控补充知识的量，补充的内容与难学知识点紧密相关或者是难学知识点的基础知识。

1. 应用信息块原理

设定某一个内容的教学目标之后，教师可利用信息块原理来优化内在负荷。因为工作记忆所能存储的信息块是有限的，而信息块是由相关联的信息元素组成，长期记忆中已有的图式（不管多复杂）可被提取出来作为工作记忆中信息块的一个元素，所以教师必须明确教学主题中所有相互关联的要素，清楚各个要素之间的关系。

比如，支票结算内容的讲解。在《银行会计》教材中前后有三个地方与支票内容相关，包括单位活期存款中的支票户存取款项、支付结算中的支票、同城票据交换内容。这些内容已经能足够清晰地解释支票结算的整个业务流程，但对于学生（此时，学生仅有少量与支票有关的图式）来说具有一定的困难，其原因在于有许多与该内容相关的信息块并未出现在教材中。一般情况下，在讲解支付结算内容中的支票时，学生已有的图式包括：什么是支票（支票概念）；谁可以使用支票（信誉好的企业）；支票有什么用（客户取钱，而且还有可能是站在企业角度，而非银行角度）。当收付款单位开户行属于一个系统时，学生容易理解；但跨系统时，对于支票持票人（收款人）如何才能收到款项这一过程并不了解，更不用说进行银行业务会计处理了。因此，教师应该优化支票结算内容，降低支票结算的复杂程度，用简化的例子告诉学生：为什么要使用支票？为何在跨系统进行支票结算时要采用同城票据交换这种方式？在进行支票的同城票据交换过程中，票据流转方向以及资金

流转方向是怎样的？是否存在不能支付款项问题(即支票退票)？理清了这些问题之后，讲解银行支票结算业务的会计处理就简单多了，学生也容易理解，并能较快形成新的图式[一笔支票业务在同城票据交换时资金、票据流转方向以及不同情况下(是否退票)银行的会计处理]。在学生掌握以上内容之后，讲解同城票据交换内容，学生已有必要的票据交换的图式，教师只要说明在同一次票据交换时同一家银行机构会同时提入、提出很多笔票据，涉及代收、代付多笔款项，将代收、代付款项进行分类，最后进行清算差额的处理。

2. 应用专业知识反效应

专业知识反效应认为，对于初学者有用的教学方法，在该学习者获得更多的专业知识时无效甚至会产生反效应。Kalyuga et al.(2003)发现更多的解释并不总是有利的，有时反而会增加认知负荷并降低学习效率。因此，更多的信息块未必是好事，究竟多少为好取决于学生的图式发展。如何在教学中避免该问题的产生主要体现在两个方面：

(1)当给学生讲解商业银行固定资产业务、无形资产业务以及其他与财务会计内容相同的内容时，学生会开小差或表现得不耐烦，所以一般情况下，教师在教学时会省略与财务会计相同的内容，仅做简单的介绍和解释。

(2)对于不同专业背景的学生，他们所掌握的银行会计图式并不一致。通常情况下，有较多的金融学专业的学生已经学过商业银行业务课程，这些学生的会计图式相对较弱，因此在课堂教学时，教师可以减少对商业银行业务流程的讲解，把重点放在会计核算上；对于会计学专业学生来说，他们的商业银行业务图式较少，教师在课堂教学时应花较多的精力来解释商业银行业务流程。

(二)降低外在负荷

1.降低补充材料的外在负荷，利用有解样例效应

通过优化的教学设计来降低外在负荷可以提高学生的学习效率。CLT 认为外在负荷呈现的形式较多，比如用一长段文字来解释某一问题、用文字来替代图表、过早地要求学生去解决问题等。如何降低认知负荷是课程设计需要考虑的重要因素。CLT 研究人员提出了多种解决方法，第一种方法就是为初学者设计有解样例。

与传统的通过解决问题进行学习相比，有解样例能向学习者展示如何一步步地去完成任务或解决问题(Clark, Nguyen, Sweller, 2006, p. 190)。Van Merriënboer(1997)认为在讲授有关解决复杂问题的技术时，提供有解样例是有效的教学策略，能够向初学者解释解决问题的步骤。

目前，“银行会计”课程教学中可使用的样例比以往增加不少，但与“财务会计”课程相比以及从初学者能更好地掌握知识角度来讲，仍旧是欠缺的。此外，银行业务流程与一般工商企业不同，学生不太好理解。基于这两个方面的原因，笔者认为教师应在每一章的教学课件中补充合适的有解样例，向学生讲解解决问题的步骤。

CLT已经证实有解样例仅对于降低初学者的认知负荷有用，对于有一定基础的学生来讲，反而会增加他们的认知负荷，不利于提高教学效率。在《银行会计》教材中，同一内容可能安排在不同的章节，比如“同城票据交换”的内容，既出现在“支付结算”章节，也出现在“同业往来”章节。当后续章节涉及部分已学过的内容时，教师不必再为此提供有解样例，此时应给出题目让学生自己去解决问题，这不会增加学生的认知负荷，同时也重复已有的认知图式，从而有利于长期记忆的形成（即掌握知识和提高解决问题的能力）。

2. 降低教材内容的外在负荷

对于教材内容和设计，同样需要降低学生的外在负荷认知。大部分的《银行会计》教材可能处于各种原因的考虑以及不了解CLT，在教材内容和设计上存在不符合CLT理论的问题即增加学生负荷，因此教师需要补充一定的内容并采用其他方法来降低认知负荷，如应用分散注意力效应。

在《银行会计》教材中，大部分较为复杂的内容都以文字形式出现，这会增加学生的认知负荷。CLT研究人员认为，当教学材料需要学生比较、联系或同时处理多个信息源时，图示呈现可能更有利于学习和理解；而当教学信息可以一次分别处理，各元素之间的联系不复杂时，使用文字呈现方式和图形呈现方式同等有效。因此，对于银行会计中的复杂内容，教师应以图示来呈现教学内容。在目前的教学实践中，笔者以及很多其他教师[陈期末(2010)、代桂霞(2009)等]都在课堂教学中采用图式教学法，而且图示教学法能取得更好的效果。有一点还需指出的是，教师在采用图示教学法时，还需注意分散注意力效应的存在。该效应是指教师在呈现学习材料时，若要求学生在多种离散的信息之间分配注意资源，使得学生注意力分散，会导致干扰学习的后果。Chandler and Sweller (1992)通过实证研究发现，将教材内容和图表进行整合会降低认知负荷从而有利于学习，既减少学习时间同时又提高学习效率，因此他们认为学生需要在不同的信息源之间分散注意力时，这种效应是明显的。CLT对此做出的解释是：对多种离散的信息进行心理整合要消耗一定的认知资源，这种资源的消耗是由于学习材料的组织和呈现方式而引起的，与图式获取和规则自动化无关，因此会干扰学习。教师在进行课程设计采用图式教学法时，对于复杂的内容（如支付结算业务、外汇业务等）应将文字说明部分与图表进行整合，以降低学生的认知负荷。

（三）增加相关负荷——布置作业

作业几乎是每一门会计课程的内在组成部分。学生课后做作业可以强化学生图式发展并形成长期记忆，提高他们解决问题的能力。“银行会计”课程的教师应注意的是，对不同类型的学生以及在课程学习的不同时段布置不同的作业：

(1)初学者在样例教学中能取得较好的效果，教师所布置的作业最好附有答案，而且包括详细解题过程，有利于初学者图式的形成和发展（比如，让学生牢记不能漏掉表外科目记账）。

(2)对于会计专业中已经学过商业银行业务课程、对业务流程较为熟悉的学生,教师应给他们布置不附答案的作业。

(3)对于金融专业学生,他们即使已经学过商业银行业务课程,掌握较多的商业银行业务流程图式,但是他们的会计图式较差,因此在布置作业时,也应附有答案。

(4)在学期中期和末期进行总结练习而布置作业时,不管是哪个专业的学生,都不应附有作业答案。

四、结论

引入认知负荷理论并介绍其研究结论给"银行会计"课程的教师带来了诸多益处,其原因在于已经得到证实的有关认知负荷理论的研究结论在"银行会计"课程教学中具有较大的使用价值。它可以通过降低外在负荷以及对不同知识背景学生使用有差别的教学方法和内容来提高学生的学习效率。在"银行会计"课程教学中,应用认知负荷理论只是提高教学效果的手段之一。如何更好地提高学生的专业知识水平,有待于认知负荷理论的发展以及与其他教学手段相结合,如实践(实验)教学法、对学生分组教学以及提高学生学习兴趣等。

【参考文献】

1. 代桂霞.银行会计教学方法的创新与应用[J].商场现代化,2009,(03).

2. 崔澜.《银行会计》教学方法有关问题的探讨[J].哈尔滨金融高等专科学校学报,2008,(03).

3. 梁红英.商业银行会计课程教学难点及改进建议[J].财会月刊,2010,(15).

4. Chandler,P.,and J.Sweller.1991.Cognitive Load Theory and The Format of Instruction [J].*Cognition and Instruction*,8(4):293—332.

5. Chandler,P.; Sweller,J.(1992).The Split-attention Effect as a Factor in the Design of Instruction[J].*British Journal of Educational Psychology*,62(2):233—246.

6. Clark, R.C., F. Nguyen, and J. Sweller. 2006. *Efficiency in Learning: Evidence-based Guidelines to Manage Cognitive Load*[M].San Francisco,CA: Pfeiffer.

7. Kalyuga,S.,P.Ayers,P.Chandler,and J.Sweller.2003.The Expertise Reversal Effect[J]. *Educational Psychologist*,(38):23—31.

8. Paas,F.1992.Training Strategies for Attaining Transfer of Problem-solving Skill in Statistics:A Cognitive Load Approach[J].*Journal of Educational Psychology*,84(4):429—434.

9. Schnotz,W.,and C.Kürschner.2007.A reconsideration of Cognitive Load Theory[J].*Educational Psychology Review*,19(4):469—508.

10. Van Merrinboer,J.1997.*Training Complex Cognitive Skills:A Four-component Instructional Design Model for Technical Training*[M].Englewood Cliffs,NJ: Educational Technology Publications.

Credit Rating in China[①]

Mo Guiqing

Ⅰ. Introduction

Credit ratings are opinions about credit risk published by a rating agency. They express opinions about the ability and willingness of an issuer, such as a corporation, state or city government, to meet its financial obligations in accordance with the terms of those obligations. Credit ratings are also opinions about the credit quality of an issue, such as a bond or other debt obligation, and the relative likelihood that it may default.

In the last two decades, China's economy has grown at a rate of about 10% per year and its bond market has grown from virtually nonexistent into one of the world's largest.

This paper aims to explain the current role and issues of credit ratings in the Chinese bond market. The paper is organized as follows. In section Ⅱ, we explain the historical development of the Chinese credit ratings industry. In section Ⅲ, we discuss major credit ratings agencies in China. Section Ⅳ provides the episode of regulation on credit ratings. Section Ⅴ is the conclusion of this paper.

Ⅱ. A brief history of credit rating in China

Credit rating was introduced in China in 1987. The development of the credit rating industry in China is closely related to the development of the bond market in China. During the financial reform in the 1990s and the liberalization of financial market since the 2000s, it has been applied in the securities, credit, and insurance markets. This section provides the brief history of credit rating in China. We divide whole history of credit rating industry in China into three stages—first stage (1987—1995), second stage (1996—2004) and third stage (2005—2013).

---

① 本文发表于 2013 年 1 月 *Intelligent Information Management Systems and Technologies*.

First stage(1987—1995): the beginning of credit rating industry in China

In the past three decades, China's economy experienced transition from a planned to a market system. So far the Chinese path has been a remarkable success. Under the planned economy, companies were supported by the government and had no need to tap external funding sources. With the development of China's economic reform, state-owned enterprises started issuing bonds to raise capital.

In 1987, the State Council issued the "Temporary Regulations on the Management of Enterprise Bonds". The government came to execute united management to enterprise bonds since then. The People's Bank of China proposed to establish credit rating departments in local place. These rating department then evolved into independent credit rating firms. Credit ratings in China were initiated at this year.

At the same time, other rating agencies emerged in subsequent years. In 1988, Shanghai Far East Credit Rating Co., Ltd was founded and she is the first credit rating agency independent to the bank. From 1992 to 1994, other three credit rating agencies independent to bank system were established one after another.

In the early 1990s, SOEs issued excessive corporate obligations, many of them ended up in default and resulted as non-performing assets in the balance sheet of the state-owned banks, major holders of those securities. In 1993, "Regulations on the management of enterprise bonds" was issued and the 15th article stated that issuers could obtain ratings as part of the application process. This was the first time that the law created a regulatory hurdle for ratings. However, at the initial foundation period, since there was a slow development in China bond market, there were few credit rating transactions. This stage was regarded as the beginning of the credit rating industry in China.

Second stage (1996—2004): the exploration and adjustment of credit rating industry

Because of the massive default of enterprise bond issued in the early 1990s, the government imposed strict reins on the bond market. Consequently, China credit rating agencies had small revenues and presumably no profits. The credit rating agencies had been forced to depend on other sources of income to survive, such as loan certificates rating, consulting and strategic planning services.

In 1996, the People's Bank of China (PBOC) promulgated "Measures for the Administration of Loan Certificates(贷款证管理办法)"和"Lending General Provisions(贷款通则)"which gave the credit rating agencies another chance to survive. In several local places, including Shanghai, Jiangsu and Ningbo, the annual loan certificates ratings became credit rating agencies' the most common service and this service brought them much profits. At that time, there were almost 50 credit rating agencies in China and only two fifths of them provided the rating services including loan certificates ratings. After the issue of "Measures for the Administration of Loan Certificates" 和 "Lending General Provisions", several rules/regulations about the issue of financial instruments were promulgated by China government one after another. These rules/regulations all involved articles relating to credit rating. Some of them required that the financial instruments must be rated by qualify CRAs recognised by regulation authorities.

Accrediting CRAs model originated in 1997. By the middle 1990s, enterprise bonds issued in early 1990s began maturing and the issuers of these bonds balked at paying off the principal and interest. In order to administer the credit rating industry and avoid continuing mistakes in ratings, the PBOC issued a rule in December 1997 identifying only nine of the existing 50 firms as being allowed to rate publicly issued enterprise bonds (PBOC[1997]No. 547), marking the initial step toward a regulatory licence regime. In 2003, China Insurance Regulatory Commission(CIRC) and National Development and Reform Commission (NDRC) accredited the same five CRAs as qualify rating agencies.

In this stage, the development of China's bond markets and increased diversity of products has led to the development of the credit rating industry in China. The related research institutes, such as Shanghai University of Finance and Economics, Credit Research Center established. However, the rating market still remained small.

Third stage (2005—present): acceleration and expansion of credit rating industry

In 2005, the PBOC issued the "Measures for the Administration of Short-term Financing Bonds" and launched the rating business the commercial papers in China inter-bank bond market. Since 2005, there introduced medium-term note, corporate bond, small and medium enterprises collective notes and other innovative products in China bond market. The size of credit and bond markets was increased substantially each year. With the expansion of China's bond markets and increased diversity of financial instruments, the spring of credit rating industry comes. At this period, regulation authorities such as PBOC and CRRC promulgated 4 rules/regulations relating to credit rating regulation (Table 3 in section Ⅳ) and China's credit rating agencies's compliance, technology, systems, expertise and internationalisation are improved. At the end of 2012, two credit rating agencies established joint ventures and one agency cooperated with the top three agencies. Several have become members of the Association of Credit Rating Agencies in Asia (ACRAA), applied to certify as international rating agencies, and issued sovereign rating reports. Under the current regulatory regime, credit rating agencies have established more compliance-oriented systems with improved codes of conduct and supervision in areas relating to professionalism, independence, conflict of interests, information disclosure and transparency.

Table 1 shows the major rules/regulations about the issues of financial instruments relating to credit rating.

Table 1 **Major rules/regulations about the issues of financial instruments relating to credit rating**

Effecitve Year	Title of Laws or Rules	Issued by	Credit rating
1993	Regulations on the management of enterprise bonds	State Council	permissible
1996	Measures for the Administration of Loan Certificates 贷款证管理办法	People's Bank of China (PBOC)	permissible
1996	Lending General Provisions 贷款通则	PBOC	permissible
1997	Tentative administrative regulation on convertible bonds 可转换债券管理暂行办法	State Council	permissible
1998	Administration of Issue of Foreign Currency Bonds by Domestic Organizations Procedures 境内机构发行外币债券管理办法	PBOC	required
2001	Issue of Convertible Bonds by Listed Companies Implementing Procedures 上市公司发行可转换公司债券实施办法	China Securities Regulatory Commission(CSRC)	permissible
2003	Interim Measures for the Administration of Bonds of Securities Companies 证券公司债券管理暂行办法	CSRC	required
2004	Lending General Provisions(revised) 贷款通则(修订)	PBOC China Banking Regulatory Commission(CBRC)	permissible
2004	Measures for the Administration of the Issuance of Subordinated Bonds by Commercial Banks (Announcement [2004] No. 4 of the PBOC and China Banking Regulatory Commission [CBRC]) 商业银行次级债发行管理办法	PBOC CBRC	required

续表

Effecitve Year	Title of Laws or Rules	Issued by	Credit rating
2004	Measures for the Administration of Loans for Auto Consumption 汽车贷款管理办法	CSRC	required
2004	Administrative Measures for Subordinated Term Debts of Insurance Companies 保险公司次级定期债务管理办法	CBRC	permissible
2004	Measures for Administration of Short-term Financing Bonds of Securities Companies 证券公司短期融资券管理办法	CSRC PBOC CSRC	required
2005	Administrative Rules for the Issuance of Financial Bonds in the National Inter-bank Bond Market (Order [2005]No.1 of the PBOC) 全国银行间债券市场金融债券发行管理办法	PBOC	required
2005	Administrative Rules for Pilot Securitization of Credit Asset 信贷资产证券化试点管理办法	PBOC	required
2005	Measures for the Administration of Short-term Financing Bonds 短期融资券管理办法	PBOC	required
2007	Measures for Pilot Projects for the Offering of Corporate Bonds Pilot Rules on the Issuance of Corporate Bonds (Order 49 of China Securities Regulatory Commission) 公司债券发行试点办法	CSRC	required
2008	Measures for the Administration of Non-Financial Enterprise Debt Financing Instruments in the Inter-bank Bond Market (Order [2008] No. 1 of the PBOC) 银行间债券市场非金融企业债务融资工具管理办法	PBOC	required

The brief history of China's credit rating tell us that China's credit rating industry was mainly promoted by the government in anticipation of a bond market, not as a response to investor demand because of a lack of adequate information about issuers. In the first two stages, CRAs in China almost had no noticeable effects on the decision of buyers of Chinese enterprise bonds. Credit rating agencies in China have seized opportunity to increase their standing in the bond markets since 2005.

Ⅲ.Credit rating agencies and credit rating industry in China

1. Major credit rating agencies in China

At present, there are eight major credit rating agencies in China's bond market. Two of these are Sino-foreign joint ventures; one is engaged in a technical cooperation with a foreign enterprise and the remaining five are domestic-funded agencies. A concise description of these eight agencies are presented in the following.

(1) Shanghai Far East Credit Rating Co., Ltd. (SFE, 上海远东)

Shanghai Far East Credit Rating Co., Ltd. was founded in March 1988 and she is the first credit rating agency independent to China's bank system. The major shareholders of SFE are the Shanghai Academy of Social Sciences and Shanghai Huyin Financial Information Consultation Center. It has several functional departments including the Credit Rating Department, the Securities Rating Department, and the Project Assessment Department, etc.

In 2002, SFE and the Xinhua Financial Network of Xinhua Finance in Hong Kong formed a strategic alliance called "XFN-Far East China Credit Rating" (XFN-Far East) to conduct credit rating analyses. They assign issuer ratings to listed companies in China and Hong Kong based on publicly available information. Similar to S&P's, they label these unsolicited ratings as "PI" ratings. In December 2003 SFE became the first Chinese member of the Association of Credit Rating Agencies in Asia6 (ACRAA). At that time, Shanghai Far East was one of the top five CRAs in China.

However, in August 2006, Shanghai Far East downgraded Fuxi cp from A-1 to C class, then sparked a crisis of confidence. After coordination by the parties, Fuxi investors finally got paid in full, but market was severely damaged. After the Fuxi event, its business declined rapidly.

(2) Shanghai Brilliance Credit Rating & Investors Service Co., Ltd. (SBR, 上海新世纪)

Shanghai Brilliance Credit Rating & Investors Service Co., Ltd. (Shanghai Brilliance Rating) was founded in July 1992 and she is a national credit rating agency specializing in Issue Credit Rating, Issuer Credit Rating, Credit Management Consultation and other credit related services. The major shareholders of Shanghai Brilliance Rating are China Foundation for Development of Financial

Education (CFDFE)and Shanghai University of Finance and Economics (SUFE).

After 20 years of development, Shanghai Brilliance Rating has become an influentially larger credit rating agency with good reputation and all qualifications in China.

Became the first credit rating agency obtained all qualitifications and licenses from the People's Bank of China (PBOC)(1997), National Development and Reform Commission (NDRC)(2003), China Insurance Regulatory Commission (CIRC)(2003), and China Securities Regulatory Commission (CSRC)(2007). Currently, revenues from bond rating business become major source of income of Shanghai Brilliance Rating.

On August 6 2008, Shanghai Brilliance Rating signed a technical cooperation agreement with Standard & Poor's (S&P). In April 2012, Shanghai Brilliance Rating started full strategic with Standandpoor's officially.

(3) Dagong Global Credit Rating Co., Ltd. (Dagong, 大公国际)

Dagong Global Credit Rating Co., Ltd. was founded in 1994 upon the joint approval of The People's Bank of China and the former State Economic and Trade Commission. Dagong also holds all the qualifications for credit rating recognized by Chinese government including PBOC, NDRC, CIR, CSRC. She is one of the major providers of credit ratings on corporate bonds, convertible bonds, insurance companies, and asset-backed securities, etc.

In 1999, Dagong had a formal technical cooperation agreement with Moody's until 2002. Currently, it has 34 branches domestically and two abroad, with about 600 staff totally.

(4) China Lianhe Credit Rating Co., Ltd. (Lianhe, 联合资信)

China Lianhe Credit Rating Co., Ltd (Lianhe) originates from Credit Rating Commision in Fujian Province established in 1995 . In 2000, Lianhe was established through the reconstruction of Credit Rating Commision in Fujian Province. Its headquarter is located in Beijing and has branches across the country. Lianhe is also accredited by the NDRC and the CIRC to rate corporate bonds. It has significant market shares of the corporate bond and convertible bond markets. She has become one of the major providers of credit ratings on corporate bonds, convertible bonds and etc and also provides credit risk consultion service. In 2005, Lianhe was engaged in the rating of any specific project with Fitch Ratings. After two years later, Fitch Ratings got 49% of Lianhe's share.

(5) China Chengxin Securities Rating Co., Ltd. (CCXR, 中诚信证券)

China Chengxin Securities Rating Co., Ltd. (CCXR) was founded in 1997 and owned by China Chengxin Credit Management Co. established in 1992. In 2007, CCXR was accredited by the CSRC to rate bonds traded in exchange market. CCXR's major business are loan certificates rating and exchange bond market rating.

(6) China Chengxin International Credit Rating Co., Ltd. (CCXI, 中诚信国际)

China Chengxin International Credit Rating Co., Ltd. (CCXI), the first Sino-foreign credit rating agency, is based in Beijing and was capitalized by China Chengxin Credit Management Co., Ltd. (CCX) and Fitch Rating with the approval of the PBOC and the Ministry of Foreign Trade and Economic Corporation. CCX was established on October 8, 1992 and was approved by the PBOC to conduct businesses in credit rating, investment advisory, and information services.

However, on July 19, 2004, Fitch announced that it had divested its 30% interest in CCXI to align with its global strategy of securing majority control over its overseas subsidiaries. On April 13, 2006, CCX and Moody's announced Moody's acquired 49% share of CCXI from CCX. CCXI holds the licenses for credit rating recognized by PBOC, NDRC, CIR and can provide credit rating services in inter-bank bond market and of enterprise bond.

(7) Pengyuan Credit Rating Co., Ltd. (Pengyuan, 鹏元)

Pengyuan Credit Rating Co., Ltd. was established in 1993 and holds the qualifications for credit rating recognized by Chinese government such as People's Bank of China, China Securities and Regulatory Commission (2008), National Development and Reform Commission (2008).

(8) Golden Credit Rating International, Inc. (Golden Credit, 东方金诚)

Golden Credit Rating International, Inc was founded in 2005 upon the approval of Ministry of Finance. Golden Credit holds the qualifications for credit rating recognized by Chinese government such as People's Bank of China (2011), China Securities and Regulatory Commission (2011), National Development and Reform Commission (2011). After several years development, it has 26 branches domestically.

2. Cooperation with the top three international CRAs

The major credit rating agencies in China are described just above. As we can see from the introduction of major CRAs in China, the top three international rating agencies, Moody's Investors Service (Moody's), Standard and Poor's Ratings Services (S&P's), and Fitch Ratings Ltd. (Fitch) have approached the nascent credit rating industry in China in their own ways in recent 15 years. Here is the brief history of top three CRAs in China.

Fitch formed a joint venture—CCXI with CCX in 1999 and set up branch in Beijing in 2003. After establishment of Fitch Beijing Branch, Fitch divested its 30% share in CCXI.In October 2005, Fitch was engaged in the rating of any specific project with Lianhe Ratings. After two years later, Fitch Ratings got 49% of Lianhe's share.

Moody's signed a three-year cooperative agreement with Dagong in 1999 and this cooperation ended in 2002. On February 12, 2003, to prepare for further development or independent credit research work in China, Moody's set up Beijing Moody's Venture Information Technology Service Ltd. (BMVITS) in Beijing (SinoCast, 2003).

In August 2006, with the approvement of China's Ministry of Commerce, Moody's acquired 49% share of CCXI.

Standard and Poor's set up branch in China in 2003. Since then, Standard and Poor's has been active in assigning both interactive ratings (solicited ratings) and pi ratings (unsolicited ratings) to the major Chinese banks and the Chinese companies. In 2008, Standard & Poor's (S&P) signed a technical cooperation agreement with Shanghai Brilliance Rating.

3. Market structure of Chinese credit rating industry

As we can see from the above, there are eight accredited agencies in Chinese credit rating industry: SFE, SBC, Dagong, CCXI, CCX, Lianhe, Pengyuan and Golden Credit. According to an official estimates, there are an additional 68 domestic rating agencies operating in niche markets (Kennedy 2008).

Chart 1—4 indicate rating market share of major CRAs in 2012. Enterprise bonds are bonds issued by unlisted enterprise and corporate bonds are bonds issued by the enterprises established under Corporate Law.

Chart 1—4 indicate rating market share of major CRAs in 2012. In different bond markets, CRA occupied a different market share. In general, CCXI, Lianhe, SBCR and Dagong occupy a large share, and SFE, Golden Credit are very small.

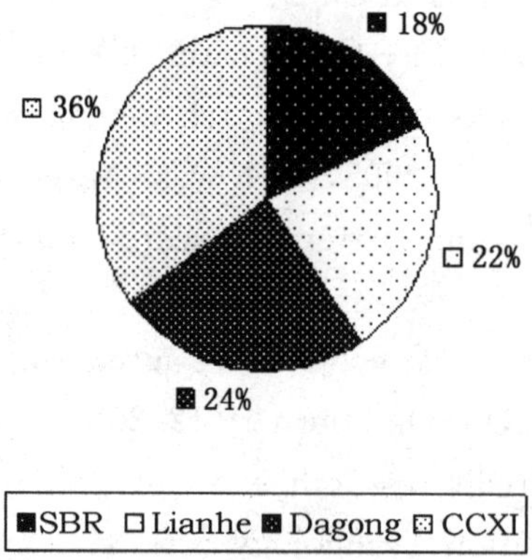

Source：WIND

Chart 1：Credit rating agency market share(commercial paper)

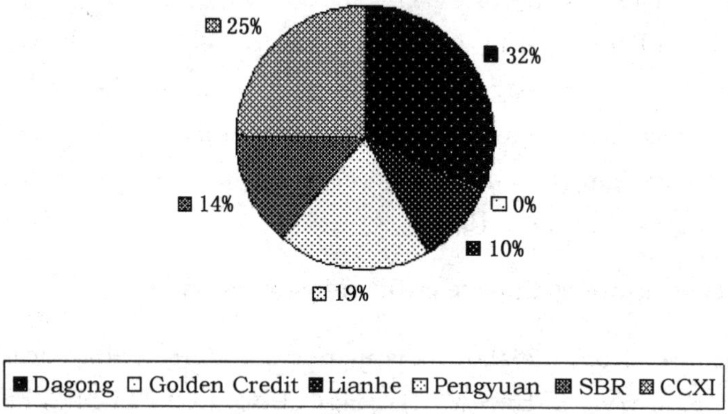

Source：WIND

Chart 2　Credit rating agency market share(enterprise bonds)

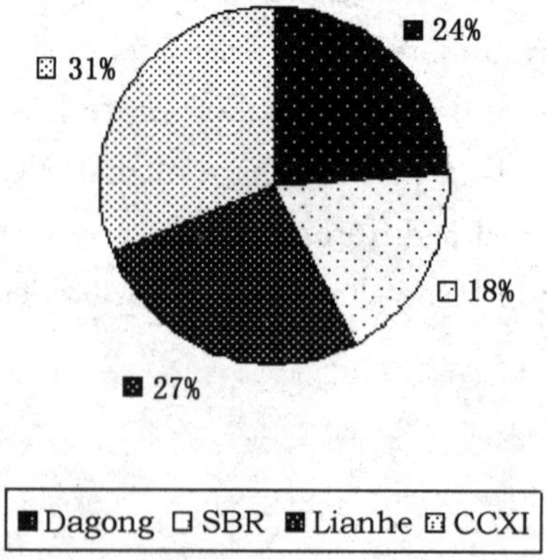

Source：WIND

Chart 3　Credit rating agency market share(Mid Term Notes,MTNs)

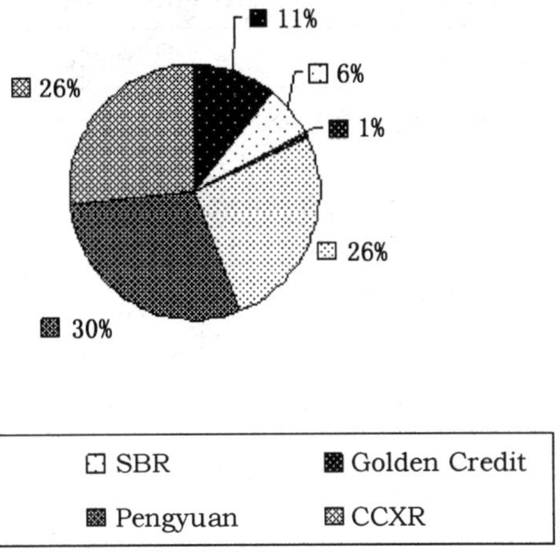

Chart 4　Credit rating agency market share(corporate bonds)

Ⅳ.Regulation of credit rating agencies

1.Regulation authorities

The regulation of credit rating agencies (CRAs)has not been unified in China.At present,China's credit rating agencies are subject to the supervision of several regulation authorities.These regulation authorities are People's Bank of China(PBOC),China Securities and Regulatory Commission (CSRC),National Development and Reform Commission (NDRC).The specific regulatory functions of each body depend on the type of rated productions concerned.The People's Bank of China(PBOC)serves as the main supervisory authority of the credit rating industry.As such,it is mainly responsible for drafting relevant rules and regulations governing the credit rating system (CRS),and drawing up development strategies and policies,among many others.The China Securities and Regulatory Commission (CSRC)supervises credit rating in the exchange bond market while the National Development and Reform Commission (NDRC)oversees the credit rating for enterprise bonds.CRAs must hold licenses from these authorities to provide rating services.This regulation regime of CRAs results in the increase in regulation cost and at the same time reduces regulatory effectiveness.

Table 2 shows major CRAs' licenses accredited by regulation authorities.

Table 2 Major CRA's licenses accredited by regulation authorities

	PBOC	CSRC	NDRC
Shanghai Far East Credit Rating Co., Ltd. (SFE)	√		√
Shanghai Brilliance Credit Rating & Investors Service Co., Ltd.(SBR)	√	√	√
Dagong Global Credit Rating Co., Ltd. (Dagong)	√	√	√
China Lianhe Credit Rating Co., Ltd.(Lianhe)	√	√	√
China Chengxin International Credit Rating Co., Ltd.(CCXI)	√		√
China Chengxin Securities Rating Co., Ltd. (CCXR)		√	
PENGYUAN CREDIT RATING CO., LTD. (PENGYUAN)		√	√
Golden Credit Rating International, Inc. (Golden Credit)	√	√	√

Source:

(1)Shanghai Far East Credit Rating Co., Ltd., http://www.sfecr.com/aboutus/zizhi.asp

(2)Shanghai Brilliance Credit Rating & Investors Service Co., Ltd. http://www.shxsj.com/inside.php? menuid=106&catid=116

(3)Dagong Global Credit Rating Co., Ltd. http://www.dagongcredit.com/about/rating.html

(4)China Lianhe Credit Rating Co., Ltd. http://www.lianheratings.com.cn/NewsShow.aspx? menu_id=20080731093022873765

(5)China Chengxin International Credit Rating Co., Ltd. http://www.ccxi.com.cn/254/CompanyInfo.html

(6)China Chengxin Securities Rating Co., Ltd. http://www.ccxr.com.cn/aboutus3.htm

(7)PENGYUAN CREDIT RATING CO., LTD. http://www.scrc.com.cn/aboutus.aspx? pc=03

(8)Golden Credit Rating International, Inc. http://www.goldencredit.com.cn/gsgk/gsjs/

2.Laws, rules and regulation relating to credit rating

Along with the development of China credit rating industry, China government has strengthened regulation of credit rating and established relevant rules and regulations in recent years. At present, regulatory regime for CRAs has been established. But the regulatory framework on credit rating is scattered across various financial laws, rules, and regulations.

Table 3 shows the laws, rules and regulations relating to credit rating regulation.

Table 3 The laws, rules and regulations relating to credit rating regulation

Effective Year	Title	Issued by	Basic requirements/topics
2004	Some Opinions of the State Council on Promoting the Reform, Opening, and Steady Growth of Capital Markets	State Council	It provides a schedule for building a regulatory framework for credit rating
2006	Securities Law	National People's Congress	(1) It provides that any CRA engaging in securities services must be approved by the CSRC. (2) It empowers the CSRC to take appropriate measures in approving and administering CRAs engaging in securities-related services.
2007	Interim Measures for the Administration of the Credit Rating Business Regarding the Securities Market (Interim Measures)	CSRC	(1) It is restricted to CRAs operating in the securities markets. (2) It provides rules on licensing, business operation, supervision, administration, and legal liabilities of CRAs
2006	Guiding Opinions on the Management of Credit Ratings	PBOC	(1) It is restricted to credit rating in the interbank bond and credit markets. (2) It provides the rules for the materials that the CRAs must submit to the PBOC. (3) It provides the rules for credit rating working system, internal management systems, principles, procedures that CRAs must follow. (4) It prohibits CRAs from engaging in specific activities in order to avoid conflicts of interest. (5) It contains a unified definition for the classification, symbol, and meaning of the medium-and long-term, and short-term credit ratings in the Inter-bank Bond Market.
2007	Specification for Credit Rating in the Credit Market and Interbank Bond Market	PBOC	(1) It is restricted to credit rating in the interbank bond and credit markets. (2) It includes: Specification for Credit Rating Subjects, Specification for Credit Rating Business, and Specification for Business Regulation of the Credit Rating Market
2008	Notice on Strengthening the Management of Credit Rating in the Interbank Bond Market	PBOC	(1) It is restricted to credit rating in the interbank bond and credit markets. (2) It requires that the CRA should complete a rating process form and provides the management of the on-site interview and the time limit of the rating process.

China has largely follows international standards and approaches in US and UN in certain regulation rules. However, the credit rating regulation regime has been shaped by the Chinese context, including the development of bond market, the economic reform and political regime. On the whole, these law/rules are playing an increasingly important role in the development of credit rating industry and credit rating regulation. But China's credit rating regulation still is falling behind its counterparts elsewhere, not only in the US but in other countries in Asia.

3. The use of ratings in regulations

With the development of China bond market, ratings issued by Chinese CRAs are gaining acceptance in the marketplace gradually. Regulators of financial markets and institutions have increasingly used ratings to simplify the task of prudential oversight.

According to Arner et al. (2010), credit rating has been employed in four areas.

The first area is to comply with the requirements of issuing financial instrument. As we can see from Table 1 in section one, in the inter-bank bond market and securities market, the issuers of certain bonds are required to provide credit ratings as part of the issuance requirements.

Second, credit ratings are used to determine loan approval in several cities including Shanghai, Shenzhen and etc. According to "Measures for the Administration of Loan Certificates" issued by PBOC in 1996, creditworthiness of borrowing company can be rated by commercial bank or appraisal CRAs approved by the authorized departments. In accordance with the relevant provisions of this measure, Shanghai headquarter and other several branches of PBOC has required companies that plan to take out a loan more than specific amount (RMB 100million in 1999, RMB 50 million since 2003) must pass through this perfunctory regulatory hoop each year.

The third type of use is traditional use of ratings: distinguishing. This is an replication of the American model. Pension funds and insurance companies to buy bonds rated above a certain grade by qualify CRAs.

The fourth area comprises ad hoc requirements of regulators.

In conclusion, regulatory authority over CRAs continues to be fragmented and ambiguous. PBOC, CSRC, CIRC and NDRC accredited different CRAs as qualify agencies, which may block new firms from entering. Setting a bar for institutional investors may turn CRAs into surrogate regulators, and drives issuers and investors to focus on clearing the regulatory hurdle rather than on evaluating the more complicated credit risk (Kennedy, 2003). The coordination and standardization of regulations among regulatory bodies under the State Council should be improved.

Ⅴ.Conclusion

Credit rating agencies in US have historically had a competitive advantage by having access to private information that other market participants lack. It can reduce information asymmetry in the financial markets by disseminating important information about creditworthiness of issues and issuers to uninformed investors. In this paper, we address several issues of credit rating in China, including brief history of credit rating industry, CRAs and credit rating regulation. China credit rating industry has made great progress since 2005, however, it still haven't had great influence in investors' decision. How could CRAs in China go from having no influence to being all-powerful gatekeepers is an important issue of capital market. The government should open the door to all sorts of bond issuers and allow the market to set interest rates. More coordination among the regulatory authorities under the State Council and more standardization of regulations on the rating industry are needed. The rating industry needs further improve its rating methodologies, processes and independence.

References

1. Arner, Douglas W., Berry F.C. Hsu, and Lifen Pu, 2010. *Chinese Law and Government*, vol. 43, no.3, pp.3−7.

2. China Chengxin International Credit Rating Co., Ltd. http://www.ccxi.com.cn/254/CompanyInfo.html

3. China Chengxin Securities Rating Co., Ltd. http://www.ccxr.com.cn/aboutus3.htm

4. China Lianhe Credit Rating Co., Ltd. http://www.lianheratings.com.cn/NewsShow.aspx?menu_id=20080731093022873765

5. Dagong Global Credit Rating Co., Ltd. http://www.dagongcredit.com/about/rating.html

6. Golden Credit Rating International, Inc. http://www.goldencredit.com.cn/gsgk/gsjs/

7. Kennedy, S., China's Credit Rating Agencies Struggle for Relevance. *The China Business Review*, November-December 2003, 36−40.

8. PENGYUAN CREDIT RATING CO., LTD. http://www.scrc.com.cn/aboutus.aspx? pc=03

9. Shanghai Far East Credit Rating Co., Ltd., http://www.sfecr.com/aboutus/zizhi.asp

10. Shanghai Brilliance Credit Rating & Investors Service Co., Ltd. http://www.shxsj.com/inside.php? menuid=106&catid=116

高校特色专业课程的探索与思考

——基于"衍生金融工具会计"课程的调查研究

邵丽丽

一、问题的提出

教育部公布信息[①]显示，截至2012年4月，全国有普通高校（不含独立学院）2 138所，独立学院303所，成人高校348所，随着高等教育的日益大众化，如何解决高校办学目标趋同化已成为不可回避的问题。在《国家中长期教育改革和发展规划纲要（2010－2020）》[②]（以下简称《教育改革纲要》）的指引下，国内众多应用型本科院校都朝着明确的目标摸索前进，将更多资源投向教学环节，尽量克服同质化倾向，争取形成自身的办学理念和风格，试图在不同层次、不同领域办出特色。此外，2007年至今教育部已经批准了七批高等学校特色专业建设点，政策的引导催生了一批特色专业方向——会展经济与管理、物联网工程、数字媒体艺术、会展艺术与技术、文化产业管理、金融会计[③]等。

高校特色专业的开发在一定程度上解决了同质化的发展路径，但是这些特色专业的设置是否符合学生的需求？特色专业所开设的新颖的专业课程在具体教学环节可能产生哪些问题？如何在扶持与鼓励特色专业发展的同时抓紧课程教学质量的过程监控？这些都是特色专业建设之后需要推进思考的问题，也正是本文试图讨论的问题。

本文以本校金融会计的特色专业建设为研究契机，以依托该专业建设所开设的"衍生金融工具会计"课程为研究对象，以问卷调查为研究方法，对上述问题进行探索和思考，以期能以小见大、抛砖引玉，为高等教育工作者在该领域的后续思考提供一些可资借鉴的思路。

基金项目：教育部第六批高等学校特色专业专项资金项目。

作者简介：邵丽丽，1982年生，女，汉族，上海金融学院讲师，管理学博士，主要研究领域为金融会计、税务会计。

①教育部.教育部关于公布2011年度高等学校专业设置备案或审批结果的通知[Z].2012－3－1.

②国务院.国家中长期教育改革和发展规划纲要（2010－2020）[Z].2010－7－29.

③教育部.教育部财政部关于批准第六批高等学校特色专业建设点的通知[Z].2010－7－7.

二、过程与方法

(一)研究对象的选择

1. 关于专业方向

金融会计专业方向是学校综合考虑行业性①、地区性②、学校定位③、优势专业④等因素,从对接地方经济社会发展⑤实际需求的角度所确定的特色专业,也有幸成为教育部批准的第六批高等学校特色专业⑥,作为会计专业下属的三个专业方向⑦之一,金融会计方向于2009年开始招生,招生规模为每年一个行政班50人左右。

2. 关于特色专业课程

本文选择“衍生金融工具会计”这门课程作为调研对象的具体原因如下:

首先,从课程设置时间来看,在金融会计方向获得教育部特色专业批准之前,我校已经在金融会计领域进行过一定的尝试和探索,设置了“银行会计”和“保险会计”等专业选修课或必修课。为了进一步丰富和完善金融会计专业方向的课程体系,针对2009级学生又增设了诸如“证券公司会计”“衍生金融工具会计”“基金与信托会计”“非银行金融机构会计”等金融会计课程,前两者已投入教学,此处仅选择笔者亲身实践的一门课程作为研究对象。

其次,从知识结构来看,衍生金融工具会计需要会计理论与金融市场、金融产品以及公司风险控制决策等知识的紧密结合⑧,从知识结构上体现了学科交叉和融合的特征,与《教育改革纲要》的要求保持一致。

最后,从教学实践来看,衍生金融工具会计在教育实践中的教学质量并不高⑨,通常安排为“高级财务会计”课程中的一个专题,即使在诸如ACCA、CFA、CPA、CGA等专业资格认证中,衍生金融工具的知识点也通常列入金融产品创新或企业风险管理等范畴,很少有将“衍生金融工具会计”单独设置为一门3学分的专业选修课或专业必修课的范例。

3. 关于问卷对象

本文选择了会计学院大三、大四的570名学生作为问卷调查的对象,主要基于以下考虑:

---

① 学校前身是始建于1952年的中国人民银行上海市银行学校。

② 学校属于地处上海浦东新区的为数不多的高校之一。

③ 应用型本科高校。

④ 学校以金融学科专业为核心,以经济管理类学科专业为重点。

⑤ 依托上海建设国际金融中心的良好契机。

⑥ 教育部.教育部财政部关于批准第六批高等学校特色专业建设点的通知[Z].2010-7-7.

⑦ 其余两个方向分别为会计学方向和国际会计方向。

⑧ 这一点从国际财务报告准则委员会(IFRS)在其2010年年底推出的《套期保值会计准则(征求意见稿)》中反复提及“本征求意见稿(相较以前的准则)更贴近企业风险管理政策”可见一斑。

⑨ 王丹舟.基于衍生金融工具会计教育质量的实证调查[J].上海金融学院学报,2011,(3).

首先，我院2008级毕业生并未设置金融会计方向，也未学习过“衍生金融工具会计”课程，但是在本文写作的过程中，2008级学生已经临近毕业，向其调查是否有必要开设“衍生金融工具会计”的专业特色课程，有助于从学生需求的角度，反观课程设置的合理性和有用性。

其次，“衍生金融工具会计”在2009级学生中仅作为一门专业选修课进行试点，大三学生是否会选择这门课程直接体现了在校学生对特色专业课程设置的接受程度，在一定程度上也能折射出课程实践教学环节的若干困境。

最后，大三和大四的学生在就业预期、对专业课程设置总体的把握、对教学方法的感受和看法等方面都可能存在差异，将两者的统计结果进行比较，有利于掌握不同年级、不同层次学生对教学环节的不同需求。

（二）调查问卷的设计

考虑到被访对象的现实差异，我们对大四[①]和大三学生所设计的问卷有一些细微差别，从内容上看，主要包括被访者的基本信息、被访者对课程认可（选择）或不认可（不选择）的具体原因，以及被访者对该课程的期望及建议。

问卷调查的形式与前述三方面的调查内容紧密相关：在调查被访者基本信息时，主要采用封闭型问答题的形式，被访者在给定的选项中做出单项选择；在调查被访者对课程的认可度时，主要采用甄别问卷的形式，根据被访者认可（选择）或不认可（不选择）该课程的选择分别设计不同的后续问题；另一方面，被访者对后续问题的选择是否符合逻辑也有助于判别问卷的有效性。在调查被访者的认可度及期望建议时，设计了混合型问答题，即在选项后再附上一项开放式问题，让被访者提出自己的观点或期望。

（三）研究方法

本文研究的重心包括以下三方面：学生对课程的认可度、课程教学中可能出现的问题、学生对课程的期望和建议。问卷调查获得的数据均为不连续变量，因此主要采用定性数据分析[②]的方法对结果进行分析，不同的研究方面适用的研究方法也不尽相同，具体如下：第一方面研究中采用二维列联表，列示不同年级对该课程认可或不认可的频度；第一和第三方面研究中采用排列图，从多种动因或建议中分离出主要因素；第二方面研究中主要采用Logistic回归模型挖掘受访者做出不同选择的动因，针对大三受访者的调查中，受访者对课程的认可度包括“选择”“不一定选择”到“不选择”三个有序层次，而大四受访者对课程的认可度则只包括了“应该开设”和“无须开设”这两个层次[③]，因此对前者采用多分类有序应变量的Logistic回归模型，而对后者仅采用了两分类应变量的Logistic回归模型。

---

① 柳青.关于我国会计专业毕业生专业素质状况的问卷调查[J].财会通讯.2009(06).

② 王静龙，梁小筠.定性数据统计分析[M].北京：中国统计出版社，2008(07).

③ 事实上，问卷调查中也设计了除上述两个选项之外的开放性选项“其他建议”，但是并无受访者填写。

(四)变量说明与模型构建

1. 变量说明

本文回归模型中的变量含义及其具体定义如表1所示。

表1　　变量说明表

变量	变量含义	变量定义	备　注
Y	大三学生是否会选修该课程	1=选择;2=不确定;3=不选择	
	大四学生认为是否有必要开设该课程	1=有必要;0=无必要	
1. 受访者基本信息			
gender	受访者的性别	1=男性;0=女性	
direct	大三学生的专业方向	5个水平设置4个哑变量(dr_i)	会计学、国际会计、金融会计*、财务管理、审计
	大四学生的专业方向	4个水平设置3个哑变量(dr_i)	会计学、国际会计*、财务管理、审计
workpre	受访者的就业意向	5个水平设置4个哑变量(wp_i)	企业会计、会计师事务所、金融机构*、出国或考研、未定
certif	受访者对资格证书是否了解	3个水平设置2个哑变量(cf_i)	不知任何一项*;只知会计或金融类证书中一种;两种均知
2. 对于"衍生金融工具会计"课程的预期			
diff	预计课程难度	3个水平分别设置2个哑变量(df_i)	非常难或比较难、不难或比较简单、不清楚
lectdes	课程设置不合理	1=不合理;0=合理	
nprac	知识与实务的联系不强	1=不强;0=强	
lectway	教学方法不新颖	1=不新颖;0=新颖	
mater	教材与辅助资料不充分	1=不充分;0=充分	

注:带有上标*的选项为基准项,此时所有哑变量均取值为0。

2. 模型构建

如前所述,针对大三受访者我们采用有序应变量的Logistic回归模型,令$\pi_i = Pr(Y=i \mid X)$,对于三分类有序水平应变量,有如下两个模型:

$$\mathrm{logit}(\pi_1)=\alpha_1+\beta_1\times gender+\beta_2\times direct+\beta_2\times workpre+\beta_4\times certif+\beta_5\times diff+\beta_6\times lectdes+\beta_7\times nprac+\beta_8\times lectway+\beta_9\times mater \quad (模型1)$$

$$\mathrm{logit}(\pi_1+\pi_2)=\alpha_2+\beta_1\times gender+\beta_2\times direct+\beta_3\times workpre+\beta_4\times certif+\beta_5\times diff+\beta_6\times lectdes+\beta_7\times nprac+\beta_8\times lectway+\beta_9\times mater \quad (模型2)$$

针对大四受访者,我们采用两分类应变量的Logistic回归模型,令$p=Pr(Y=1 \mid X)$,对于两分类应变量有如下模型:

$$\mathrm{logit}(p)=\alpha_1+\beta_1\times gender+\beta_2\times direct+\beta_3\times workpre+\beta_4\times certif+\beta_5\times diff+\beta_6\times lectdes+\beta_7\times nprac+\beta_8\times lectway+\beta_9\times mater \quad (模型3)$$

三、结果分析

我们采用全样本调查的方法向会计学院的大三和大四学生发放问卷，前者共计300份，收回292份，回收率达到99.3%，有效卷280份，有效率达到95.9%；后者共计270份，收回222份，回收率达到82%，有效卷218份，有效率达到98.2%。

（一）调查样本的基本情况

表2　调查样本总体情况说明表

大三学生				大四学生			
变量	变量定义	频数	比例	变量	变量定义	频数	比例
性别	男	107	38.21%	性别	男	89	40.83%
	女	173	61.79%		女	129	59.17%
专业方向	会计学	84	30.00%	专业方向	会计学	96	44.04%
	国际会计	56	20.00%		国际会计	27	12.39%
	金融会计	42	15.00%		金融会计	0	0.00%
	财务管理	49	17.50%		财务管理	50	22.94%
	审计学	49	17.50%		审计学	45	20.64%
就业倾向	不明确	58	20.71%	就业倾向	不明确	23	10.55%
	企业会计	42	15.00%		企业会计	60	27.52%
	会计师事务所	48	17.14%		会计师事务所	43	19.72%
	银行	50	17.86%		银行	38	17.43%
	非银行的金融机构	20	7.14%		非银行的金融机构	32	14.68%
	考研或出国	62	22.14%		考研或出国	22	10.09%
资格证书	均不知	37	13.21%	资格证书	均不知	37	16.97%
	CPA	117	41.79%		CPA	123	56.42%
	CFA	69	24.64%		CFA	37	16.97%
	ACCA	57	20.36%		ACCA	21	9.63%
	SOA	1	0.36%		SOA	0	0.00%

（二）特色专业课程的认可度

1. 认可度的总体情况

在大三学生中，只有20.7%的学生会选择该课程，另26.1%的学生不会选择该课程，剩余53.2%的学生则不确定是否会选择该课程，将视排课时间和任课教师而定；72.5%的大四学生认为有必要开设这门课程。

如果考虑年级和专业方向等因素，则对该课程的认可度的统计结果如表3所示。

表3　对特色专业课程认可度的分年级分专业情况

大三学生（是否会选择该专业选修课程）					大四学生（是否有必要开设该课程）			
专业方向	会	不会	不确定	总计	专业方向	有必要	无必要	总计
会计学	13	27	44	84	会计学	79	17	96

续表

大三学生(是否会选择该专业选修课程)					大四学生(是否有必要开设该课程)			
专业方向	会	不会	不确定	总计	专业方向	有必要	无必要	总计
国际会计	17	11	28	56	国际会计	19	8	27
金融会计	5	11	26	42	金融会计	—	—	—
财务管理	10	6	33	49	财务管理	42	8	50
审计学	13	18	18	49	审计学	18	27	45
总计	58	73	149	280	总计	158	60	218

2. 学生(不)认可的动因分析

针对大三学生中明确选择或不选择该课程的131名学生,我们又进一步探究其具体动因,具体如图1、图2所示。

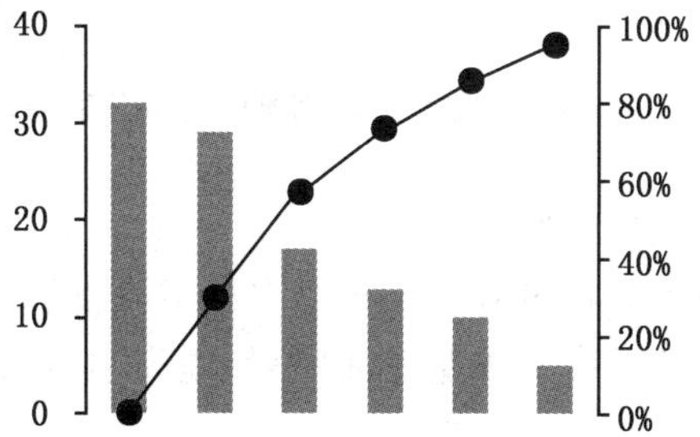

注:从左到右依次为课程估计比较难、工作中不太用到、课堂教学偏重理论、学分已经够了、会计准则还在变化中、不感兴趣等,从排列图的分析结果看,主要因素为前四者。

图1　大三学生不选课的动因分解图

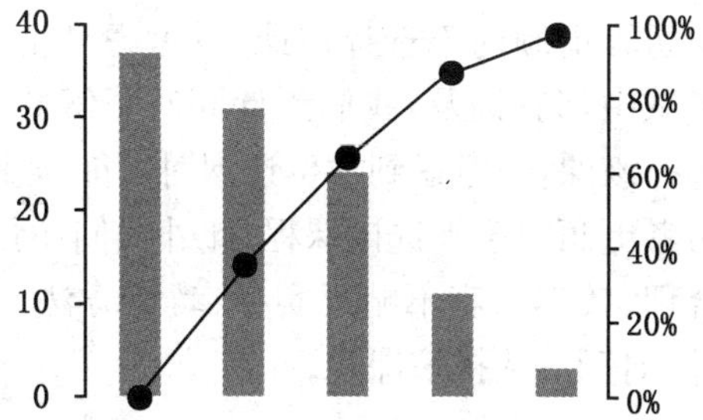

注:从左到右依次为未来职业需要、学习会计前沿理论、适应金融环境变化、资格证书考试有用、学分多,主要因素为前三者。

图2　大三学生选课的动因分解图

3. 课程预期难度的因素

图1的结果表明,不选课的首要动因是估计课程比较难,这一点与王丹舟

(2011)的研究结果一致，为此，我们又对造成这一预期的具体因素进行了深入剖析，在280名大三学生中共有201人对课程难度做出了明确评价，其中有151人认为比较难，具体因素如图3所示。

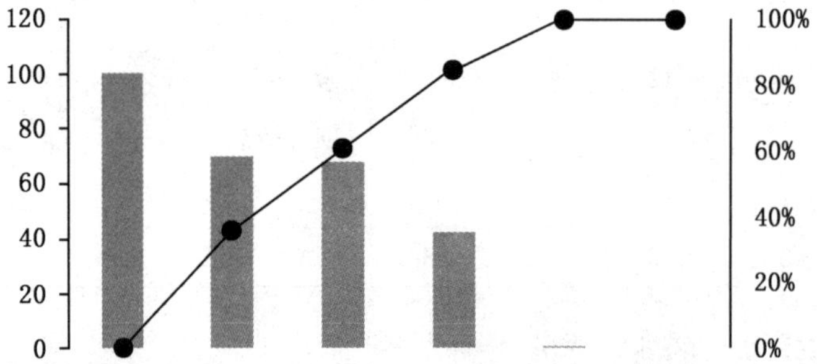

注：从左到右分别为衍生金融交易本身较复杂、企业运用衍生金融工具进行风险控制的政策较灵活、相关会计准则较复杂、相关会计准则尚在变化中、其他。从排列图的分析结果看，主要因素为前三者，此外，有学生在其他选项中特别提到"该课程的平时作业比较难""不容易得高分"等。

图3 认为该课程比较困难的因素分解图

（三）教学中可能出现的问题

学生是否认可所开设的特色专业课程受自身或外部因素的影响，分析这些因素有助于我们在后续教学过程中规避负面因素，提高学生对课程的认可度和学习热情。

1. 回归系数的预计

考虑到特色专业设置后在配套课程方面与其他专业可能会有差异，我们预计金融会计方向的大三受访者和国际会计方向①的大四受访者会比其他专业方向更倾向于选择该课程；考虑衍生金融工具在金融企业的运用程度更广泛，我们预计工作倾向为金融机构的受访者更倾向于选择该课程；考虑到衍生金融工具在会计和金融领域的资格证书考试中都有提及，我们预计同时了解会计和金融领域资格证书的受访者更倾向于选择该课程；考虑到学生选课时可能避重就轻，我们预计越是估计课程比较难的受访者更倾向于不选该课程；此外我们还预计，如果受访者越倾向于选择课程设置不合理、教学内容不贴近实务、教学方法不新颖、教材和配套资料较少等因素，则其更倾向于不选择该课程。

2. 回归结果

依据前文的三个模型进行Logistic回归，结果如表4所示。

① 大四的国际会计方向是在大二学生中选拔后形成的独立行政班。

表 4　　Logistic 回归结果

解释变量		模型 1			模型 2			模型 3		
		B	Wald	df	B	Wald	df	B	Wald	df
gender		−0.0402	0.021	1	−0.0402	0.021	1	−1.0875	1.7207	1
direct	*d*1	0.2026	0.2459	1	0.2026	0.2459	1	−0.2243	0.0483	1
	*d*2	0.5188	1.3116	1	0.5188	1.3116	1	−1.1846	0.7153	1
	*d*3	1.3195***	7.5427	1	1.3195***	7.5427	1	5.3668***	9.0306	1
	*d*4	−0.2214	0.2199	1	−0.2214	0.2199	1			
workpre	*w*1	0.4841	1.3115	1	0.4841	1.3115	1	−0.7215	0.6533	1
	*w*2	0.2371	0.3187	1	0.2371	0.3187	1	−0.1950	0.0349	1
	*w*3	0.7065*	3.4348	1	0.7065*	3.4348	1	−1.3069	1.0088	1
	*w*4	0.321	0.6891	1	0.321	0.6891	1	−0.3109	0.0653	1
certif	*c*1	0.6162	2.2806	1	0.6162	2.2806	1	−0.7739	0.4404	1
	*c*2	0.5123	1.2212	1	0.5123	1.2212	1	−0.1947	0.0269	1
diff	*df*1	−0.272	0.7421	1	−0.272	0.7421	1	1.2522	0.735	1
	*df*2	0.6069	1.9409	1	0.6069	1.9409	1	0.4172	0.0609	1
lectdes		−0.3705	1.6749	1	−0.3705	1.6749	1	−3.2489***	18.7978	1
nprac		−3.4595***	77.1843	1	−3.4595***	77.1843	1	−5.8704***	21.7885	1
lectway		−1.3272***	21.5716	1	−1.3272***	21.5716	1	−1.1389	2.5659	1
matere		0.2406	0.8104	1	0.2406	0.8104	1	0.5690	0.5944	1
*a*1		−0.0721	0.0097	1				9.5611***	9.2714	1
*a*2					3.8347***	23.662	1			
−2LL 似然比		157.1322			157.1322			185.7747		
卡方检验值		101.8656			101.8656			37.7666		

注：*、**、*** 分别表示统计检验在 10%、5%和 1%水平上显著。

3. 结果分析

(1)对不显著因素的分析

从回归结果来看，性别、对课程难度的预期、对专业资格证书的了解与否以及教材和辅助资料的充分性等因素并不会显著影响学生对该课程的认可度，我们可以得到如下一些推论：

首先，尽管学生在选课的过程中可能存在选择相对简单的专业课程(体现为 *df*1 系数为负，*df*2 系数为正)，但不会显著影响学生对课程的认可度。

其次，尽管学生对会计资格证书有所了解会促使其选择该课程(体现为大三受访者中 *c*1 系数在 15%的水平上显著为正)，但是与前文的预测相左的是，学生同时了解会计和金融领域的资格证书并不会显著促使其选择该课程，其中很可能的原因是学生对会计领域的资格证书了解较深，在一定程度上了解衍生金融工具和 CPA、ACCA 考试科目之间的关系，但是对金融领域的资格认证了解不深，不太清楚衍生金融工具与其中考试科目的关联性。

最后，一些特色专业课程可能涉及前沿理论知识，在实践教学过程中可能遇到教材选择不充分、辅助资料来源较少等问题，但也不会显著影响学生对课程的认可度。

(2)对显著正向因素的分析

从回归结果来看，显著正向因素主要包括专业和就业倾向两个因素。

第一，大三的金融会计方向受访者并未更倾向于选择该课程，反倒是大三财务管理方向和大四的审计(注册会计师方向)专业受访者更倾向于选择该课程，这可能是由于学院针对大三金融会计方向开设了诸如银行、保险、证券公司、信托与基金等专业性较强的会计课程，在一定程度上可以作为该课程的补充；另一方面，大三财务管理方向的课程体系中设置了较多风险管理、金融资产管理，大四审计方向的课程体系中设置了与 CPA 考试科目平行的课程，这些都构成与“衍生金融工具会计”相配套的课程，这一点与图 3 的研究发现一致，即学生预计课程的难点主要集中在衍生品交易及风险控制政策的本身，而不是会计理论方面。

第二，从就业倾向的角度看，在大四受访者中，与金融企业就业倾向相比，其他各种就业倾向都与课程的认可度负相关(体现为大四受访者中 $w1$-$w4$ 系数为负)，而这一现象在大三受访者中则出现了明显不同，选择考研或出国的学生反而更倾向于选择这门课程。这可能是因为大四的就业倾向更贴近现实，而大三选择考研或出国的学生更倾向于学习一些会计领域的前沿知识，这一点与图 2 的研究发现一致。

(3)对显著负向因素的分析

从回归结果来看，显著负向因素包括课程设置不合理、预计教学内容与实务联系较少、教学方法不新颖，但是这三个因素在不同年级的受访者中也有不同的表现。

首先，无论是大三还是大四的学生，如果其预计该课程的教学内容与实务操作联系较少，则会显著降低其对该课程的认可度，这一点与图 1 和图 2 的研究发现一致，可见，在应用型本科院校的 90 后大学生大多数都将课程对实践工作的有用性作为课程认可度的标准。

其次，对大三学生而言，除了上述因素外，教学方法不新颖也会降低学生的选课热情，为此学生们也对教学方法提出了一些期望(如图 4 所示)，其中最主要的因素就是要增强课内理论与实践操作相结合。

最后，对大四学生而言，教学方法不新颖固然会降低其对课程的认可度，但是课程设置的不合理却是比前者更显著的负面因素，其中包括配套课程设置与否及设置顺序等因素，这很可能是由于相较于大三学生而言，大四学生能更全面地了解专业课程的总体设计，此外，大四学生已经经历了暑期实践，对理论与实践的结合已经有一定程度的了解。

(四)学生的期望和建议

前文提到教学方法不新颖会显著降低学生对课程的认可度，为此我们也设置了半封闭式的选择题让学生就教学方法提出自己的期望和建议，具体情况如图 4、图 5 所示。

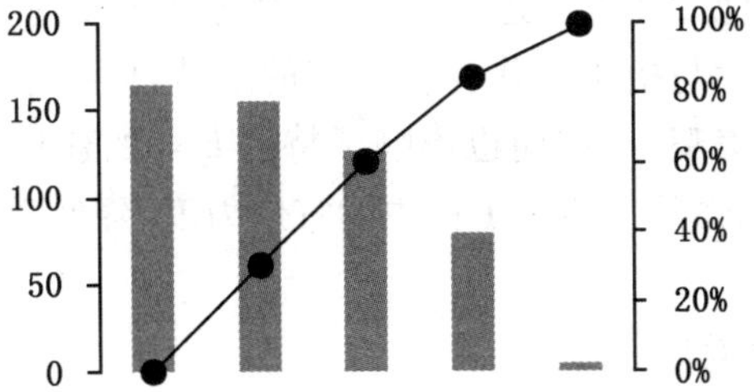

注：从左到右分别是到金融机构实习、前沿会计知识的学习、与会计实务界人员的沟通、介绍考证中的相关知识、其他，从排列图的分析结果看，主要因素为前三者。

图 4 大三学生的需求

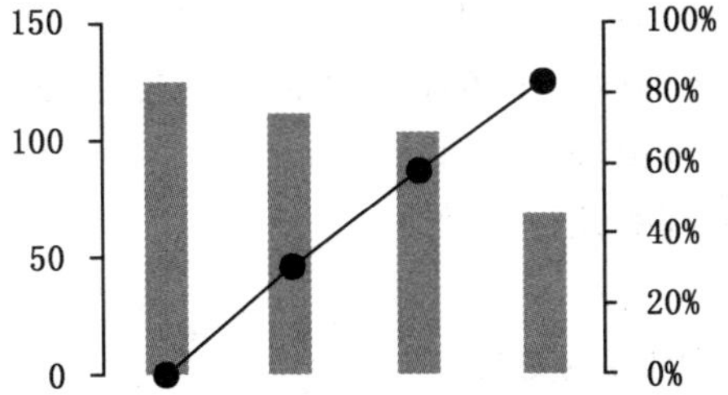

注：从左到右分别是到金融机构实习、前沿会计知识的学习、与会计实务界人员的沟通、介绍考证中的相关知识，从排列图的分析结果看，主要因素为前三者。

图 5 大四学生的需求

四、结论与展望

通过前文的定性和定量分析，我们研究了学生对上述特色专业课程设置的认可程度，分析了课程在教学环节可能产生的问题，征求了学生对特色专业课程教学方法改进的期望和建议，在此基础上，我们进一步考虑如下问题——如何从全过程控制的视角在发展特色专业建设点的同时实现特色专业课程的教学质量控制？为此我们设计了如下教学质量控制流程。

（一）事前控制

1. 特色专业的设置

《教育改革纲要》中提到“高等教育要注重优化学科专业、类型、层次结构，促进多学科交叉和融合，扩大应用型、复合型、技能型人才的培养规模”。高校的特色专业发展也应当以此为纲，在高校分类管理的大框架下做好定位，立足于地区性、行业性，体现特色和差异，还要注重规避特色专业建设的“亲周期性”，即不能看到市场上需要什么就立即上马什么特色专业，而要具有一定的前瞻性和持续性。

2. 专业特色的宣传

我们在研究中还从就业倾向、对专业证书的了解程度、对课程的认可程度等各方面对金融会计和其他专业方向进行了对比，结果并未发现显著差异，这很可能是由于学校特色专业建设与招生工作存在一定的脱节，使得学生的学习兴奋点与学校的课程设置无法完美契合，进而也影响了特色专业的建设，因此，对设置了特色专业方向的学校，要加强其在招生工作中的宣传力度，降低学校和考生之间的信息不对称。

3. 配套课程的设置与宣传

人才培养方案是保障特色专业建设的重要环节①，对于一些新颖的特色专业而言，有必要借鉴一些较成熟的资格认证考试科目的内容及其设置先后顺序，鼓励开设更多跨专业和跨学科的课程。

此外，在学生开始学习专业课之前，有必要对本专业的课程体系进行总体性介绍，将各门课对未来就业和资格证书考试的影响、教学特点、与其他课程之间的关系、选修课程的建议顺序等内容都传递给学生，这也能合理地引导学生更多地学习前沿理论和交叉学科的理论，而不是靠学生自己在学习过程中的摸索和体验，自利性地选修难度低或得分高的课程。

（二）事中控制

1. 课程体系与课程内容的更新

特色专业建设具有一定的前瞻性和差异性，这就意味着围绕其所设置的课程也可能在不断的探索过程中②。在教学过程中，可能碰到的问题是学生的认可程度不高，教师的理论和实务水平受自身教学经验、理论学习水平、辅助教学资料等各方面的限制，这一方面需要教师不断学习前沿理论，提高自身的教学水平，将科研与教学更好地融合起来，对课程内容进行不定期的更新；另一方面也可以设置相对灵活的特色专业课程安排，如果授课对象之前所学的配套课程较少，则可将其设置为 3 学分的选修课，如果配套课程较多，可设置为一门选修课中的几个专题，安排不同专业背景的专职教师甚至是企业从业人员进行授课。

2. 建立配套的学生管理制度

允许学生在大二之前根据兴趣在本专业内转方向，甚至是转专业；在大二下学期开始前，通过教务系统、班主任、辅导员等多种渠道增强对学生选课的引导。

3. 丰富课内实践的渠道

对大二、大三的学生注重教学手段的丰富性，可以邀请企业实务界人员进行讲座；鼓励高校教师到与其课程对口的岗位实习；以课内实践的形式，安排大三学生到特色专业课程涉及的岗位上进行现场观摩，为大四学生安排对口专业的实习基地。

---

① 林艳.会计学专业人才培养的研究与实践[J].东北农业大学学报(社会科学版)，2008(04).

② 李长青，杨德利.会计教育目标引导下的会计课程体系改革[J].财会月刊，2008(08).

事实上，美国和我国香港的很多大学在金融理论课程中都会安排学生参观美联储、证交所、期货交易所等金融机构，增强学生的直观感受，这不仅需要加强校企合作，更需要社会资源的配合与协调。

（三）事后控制

1. 增强学生评教对教学质量的监督

学生评教信息应向任课教师及时反馈，并纳入教师的教学水平考核体系；同时，为了鼓励特色专业的发展，在考核教师的同时也应当注重教师任课门数、课程难度、课程内容更新频率等因素。条件许可的，还可设置教学质量工程领导小组，不仅是为督促教师提高教学水平，更是为前沿理论课程提供更丰富的教学资源和更综合的教学建议。

2. 发挥特色专业的示范作用

建设高校特色专业是优化专业结构，提高人才培养质量，办出专业特色的重要措施①。项目承担学校和项目负责人要充分认识建设特色专业的重要意义，按照有关加强"质量工程"本科特色专业建设的要求，紧密结合战略性新兴产业发展对高素质人才的迫切需求，改革人才培养方案、强化实践教学、优化课程体系、加强教师队伍和教材建设，为同类型高校相关专业和本校的专业建设与改革起到示范带动作用。

致谢：在问卷调查和论文撰写的过程中得到了同事的指导和帮助，特此感谢，他们是袁树民、姜雅静、方勇、俞雪梨、卢挚飞、马秋霞、金茵等，此外，也要特别感谢协助问卷调查整理的刘未同学和配合问卷调查的570名会计专业大三、大四学生。

① 教育部.教育部财政部关于批准第六批高等学校特色专业建设点的通知[Z].2010－7－7.

课程开发与设计如何为培养应用型金融人才服务[①]

王　纯

一、引言

从人才培养的知识结构和综合素质视角分析，应用型金融人才应该具有一定理论基础，又能对新的经济环境做出快速反应，尽快适应第一线实际工作，具有不断创新的思维能力和国际化意识。

课程开发(Curriculum Development)是指通过需求分析确定课程目标，再根据这一目标选择某一个学科(或多个学科)的教学内容和相关教学活动进行计划、组织、实施、评价、修订，以最终达到课程目标的整个工作过程。为培养既适应新的经济环境的社会需求，又具有行业特色的金融应用型高级管理人才，课程的开发必须遵循的主要原则包括前瞻性、多元性、基础性、实践性和灵活性等。

课程设计(Curriculum Design)的定义包括：(1)技术导向的课程设计(普拉特，Pratt)认为课程设计是课程工作者从事的一切活动，这包含设计者对达成课程目标所需的因素、技术和程序，进行构想、计划、选择的慎思过程(黄政杰，1991，85 页)。(2)理性导向的课程设计是指教育科研机构的专家学者对课程的研究并拟订课程学习方案，为决策部门服务，拟订教育教学的目的任务，确定选材范围和教学科目，编写教材等，这些都属于课程设计活动(白月桥，1996，227 页)。近期对课程设计的研究成果则试图综合这两种观点。如《简明国际教育百科全书课程》中对课程设计的定义为“课程设计是指拟订一门课程的组织形式和组织结构”，并指出“它决定于两种不同层次的课程编制的决策。广义的层次包括基本的价值选择，具体的层次包括技术上的安排和课程要素的实施”，其中，所谓广义的层次大致相当于理性主义的课程设计取向定义，而具体的层次则相当于技术取向的课程设计定义。但也有学者认为除了这两个层次的课程设计外，还存在一个更微观的课程设计层次，并且不同层次的课程设计要受到不同因素的影响。课程设计可以分为以科目为中心、以学习者为中心和以解决问题为中心三大类别。

随着经济的全球化和资本市场一体化的不断推进，新的经济环境、新的市场力量正在重新定义各行各业、各种不同类型的公司的经营方式。应用型金融人才是

---

① 本文发表于 2012 年 11 月《教育研究与实验》。

社会各行各业从事经济管理的高级人才，金融本科院校担负着为社会培养这些高级人才的责任。因此，其课程的开发与设计应该既适应新的经济环境的社会需求，又具有行业特色。本文重点阐述新时期金融应用型人才的特点，以及课程的开发与设计如何更好地为培养应用型金融人才服务。

二、新时期金融应用型人才的特点

新时期金融应用型人才需要适应新的经济环境，即经济的全球化，资本市场的一体化、信息化、网络化，我国金融改革已经进入新的阶段，这个阶段最大的特点是经济的市场化、国际化和一体化。金融院校要研究我国金融改革的形势，跟上金融改革的步伐，适应市场经济的需要和国际一体化的需要，紧紧抓住国家和上海经济、社会快速发展的有利时机，特别是上海国际金融中心建设机遇，积极探索，努力创新，不断进行教学改革，调整课程设置和教学内容，培养一流的现代化的金融人才（刘鸿儒，2007）。

从我国和上海经济金融改革与发展对人才和人力资源的需求结构来看，社会既需要高素质的创新型研究人才、高层次领导与领军人才、高端经营管理人才，更需要大量能够尽快适应第一线实际工作的、具有一定理论基础的应用型人才。应用型人才培养问题涉及社会需求、教育体制、学校办学目标和方向、教育教学改革等多方面问题。从知识与能力的特征视角分析，应用型金融人才应该具备以下几个特征：第一，具有比较扎实的经济金融理论功底和复合的知识结构；第二，具有从事金融实务工作的能力和较强的创新能力；第三，具有完备的信息运用能力和计算机操作水平；第四，具备良好的职业操守和人文素养；第五，具有国际化的观念、视野和较高的外语水平。创新人才必须具备创新能力，创新能力主要体现在创新思维、创造能力和创业胆略三个方面。创新思维能力和创新意识的培养是最重要的创新能力，也包括创造动手的能力，还包括创业的志向、胆略与魄力。在创新能力培养过程中，应关注创新教学模式，激发学生的创造性；广泛开展课外科技活动，加强科研训练；拓宽专业口径，实施通才教育；注重网络技术，创新服务手段；更新教育观念、教育方法；同步开发学生的智商和情商，重视心智与人格的培养；培养学生的学习能力，掌握吸取知识的能力。在实践能力培养方面要注意调整专业课程设置，适应金融理论和实践的发展；加强实践教学环节，提高学生的动手能力；改革教学方法和手段，加强理论与实践的结合（储敏伟，2007）。

三、课程的开发与设计如何更好地为培养应用型金融人才服务

（一）课程的开发为培养应用型金融人才服务

应用型金融人才培养目标一经确定，就必须研究、开发、构建一个紧贴人才培养目标的课程体系。科学合理的、能够实现人才培养目标的课程体系，是一个全面的、灵活的、能够获得较大效益的课程方案。确定这一方案，必须根据人才培养目

标所界定的规格、层次及其职业岗位职责任务，科学合理地组合课程结构、内容及其教学目标，必须坚持培养既适应新的经济环境的社会需求，又具有行业特色的金融应用型高级管理人才。课程的开发必须遵循的主要原则包括前瞻性、多元性、基础性、实践性和灵活性等。

1. 课程开发的前瞻性

应用型金融人才的培养必须以市场为导向，然而，办教育有办教育的规律，培养人才具有周期性，这就要求课程设置必须对未来经济发展趋势、未来人才市场需求做出准确分析和预测，为开发新课程提供可靠的依据。例如，金融行业未来经济增长的发展趋势是适时为客户提供个性化的优质服务和增值服务，由于"个人理财""创业理财"和"公司理财"课程的教学内容是银行、保险公司、投资公司、证券公司、其他金融机构和服务行业以及各行各业为满足未来市场需求设计和开发新的服务项目的知识源，因此，"个人理财""创业理财"和"公司理财"应该成为金融本科院校必须开设或者开发的必修课程，其中包括的理论知识、基本技能及理财工具应该成为应用型金融人才必须掌握的基本知识和技能，使学校更好地为未来各行各业输送高素质的具有创新意识的应用型金融人才服务。

2. 课程开发的多元性

新的经济环境对现代应用型金融人才劳动界限的超越和对劳动者知识结构的需求，要求应用型金融人才的培养必须使受教育者具有跨岗位和职业的能力。要满足这种需求，就要开发多元化课程，如开设基础课、专业必修课、专业必选课、选修课、课内实践课、专题讲座、科技创新研发课、境外游学课等，转化创新科研成果，为市场价值搭建平台。使大学的研究成果和创新与开发项目的市场推进，商品化和市场化其价值融合，为人类社会发展和进步创造财富。

3. 课程开发的基础性

新的市场力量正在重新定义各行各业、各种不同类型的公司的经营方式，市场经济以盈利为主要目标，因此，企业势必不断引进新设备、利用新技术、开发新产品。应用型金融人才的培养必须跟踪这种变化，既需要加强基础能力训练，增强学生的潜在能力，设置基础性课程，如在"创业理财""个人理财"课程的教学中，加强会计和金融理财的基础理论知识教学，强化会计信息的决策作用，重视基本会计报表的编制方法和解释财务指标的基本训练，同时，必须重视课内实践课的开发与设计，加强实践教学环节，提高学生的动手能力，激发学生的创造性。

4. 课程开发的实践性

应用型金融人才能力培养的一个重要支撑点是实践教学，因此，设置的课程既要充分体现岗位资格所需要实践的环节、内容，又要体现交叉复合岗位和职业的实践内容、形式，还要体现各种实践的可操作性。例如，在"创业理财"课程的开发中，设计综合案例分析内容提要，使学生将书本中的基本理论用于分析和解释实际或者企业的经营活动现象，通过运用创业企业的生命周期理论对创业企业实施本—

量—利分析、资本预算决策分析、经营管理定量分析。通过案例进行分析，着重培养学生学术道德、调研方法、课题研究方法、论文规范等基本能力，对学生进行基本的创新思维和技能训练，启发学生的创新意识，拓展学生创新视野，为培养学生创新及创业素质提供实训平台。主要案例研究内容提要包括：(1)选择一家你感兴趣的企业；(2)分析企业创业背景和历程；(3)分析企业的生命周期；(4)基于企业发展的生命周期理论，分析企业的融资策略；(5)分析企业商业模式的构成成分；(6)评价企业的财务业绩；(7)分析企业的产品或者服务的发展与创新；(8)分析企业的经营活动、投资活动及筹资活动；(9)分析新创业企业的股票结构和资本结构，计算企业价值；(10)职业风险投资周期性分析与新创业企业的融资渠道分析；(11)职业风险投资项目分析；(12)新创业企业其他融资渠道分析；(13)收获创业企业分析；(14)撰写分析报告。

5. 课程开发的灵活性

课程设置在注重基础知识、理论研究结构、实际操作相组合的同时，更要突出客观实际需要。在纵向上，要能组合出不同层次应用型金融人才的培养方案，如"个人理财"课程需要组合各学科知识；在横向上，要能够兼顾专业之间的配合，如应用型金融人才的专业都需要会计、财务管理、财税、金融知识和统计调查分析知识等。例如，在"个人理财"课程的开发中，同时设计综合案例分析内容提要，使学生将书本中的基本理论用于分析经济的全球化、技术的进步以及社会的发展对理财环境的影响，更好地掌握个人理财规划、资金管理策略、税收规划策略、金融服务、消费信贷以及不同信贷的成本分析、住房与融资决策、健康与医疗保险、金融投资资源(包括股票投资、债券投资、基金投资和房地产投资)、教育规划、退休规划等内容。通过从事个人理财综合案例分析，使学生熟练掌握储蓄、投资、消费借贷等方面的知识组合，使学生在未来的职业生涯中，更好地为客户提供金融理财服务。客户在做出理财决策时通常面临多种选择，本综合案例分析将"个人理财"课程中的重点知识运用于案例分析。学生通过分析案例背景资料，选择解决问题的各种工具。随着课程进度循序渐进地运用个人理财决策中的各种步骤，注重理财技术与理财决策实训相结合，旨在教会学生认识、评估各种选择，为日后的理财活动打下扎实的基础。主要内容包括以下几个方面：(1)为客户设计个人理财目标。(2)为客户设计资金管理策略。(3)为客户设计税收规划策略。(4)为客户制定储蓄计划。(5)为客户制定购买住房与汽车计划。(6)为客户建立消费信贷等级并为客户分析信贷渠道。(7)为客户设计参加人寿保险计划。(8)为客户设计参加健康保险计划。(9)为客户设计参加个人财产保险计划。(10)为客户设计投资计划。(11)为客户设计股票与债券投资计划。(12)为客户设计教育与退休计划。(13)为客户设计共同基金投资计划。(14)为客户设计房地产投资计划。(15)个人理财综合案例分析研究报告汇总报告。

(二)课程的设计为培养应用型金融人才服务

以学习者为中心的课程设计是以人为中心的哲学思想的产物。这种课程设计强调个别发展，强调课程的组织形式要产生于学生的需要、兴趣和目的。这种设计的典型例证就是“活动—经验”设计，其主要特征为：

1. 课程结构由学习者的需要和兴趣来决定

这意味着学习者自己直接感觉到的需要和兴趣，而不是由他人考虑学生需要什么或他们的兴趣应当是什么。因此，教师实施“活动—经验”设计的重要任务是：发现学生的兴趣是什么和帮助学生为学习而选择最重要的兴趣。这样，课程就不以学科中心设计的方式来预先计划，只有当教师和学生经过共同确立追求的目标、规定查阅的资料、计划实施的活动，以及安排从事的评定程序等后，课程结构才会形成。这种合作计划是“活动—经验”设计的核心。

2. 重在解决问题

学生在追求兴趣的过程中，会碰到某些必须加以克服的困难和障碍，这些困难构成真正的、学生渴望以挑战而接受的问题。在攻克这些难题、寻找解决它们的办法时，学生实现了体现这一课程的主要价值——真实性、意义性、直接性、主动性，以及活动与经验的相关性。

3. 实践案例

在“个人理财”和“创业理财”课程的设计中，学生通过完成综合案例分析，教师设计需要提交研究报告的作业要求：(1)汇总分析报告(WORD)文件；(2)演讲报告(PPT)文件；(3)数据和表格处理(EXCEL)文件；(4)以上三份分别提交纸质版和电子版。

(1)汇总分析报告(WORD)文件主要培养学生学术道德、调研方法、课题研究方法、论文规范等基本能力，对学生进行基本的创新思维和技能训练，启发学生的创新意识，拓展学生的创新视野。其分析报告包括以下内容：

①封面(包括研究报告的名称、课程名称及时间)。

②目录。

③报告正文。

a. 分析研究目的与意义；

b. 分析研究主要内容简介；

c. 分析研究方法；

d. 财务数据的准备与处理；

e. 财务数据的比较分析；

f. 比较分析总结；

g. 对研究个人理财和创业理财相关问题未来发展的建议。

④参考文献。

⑤附上研究报告数据处理的财务报表和其他表格(Excel files)。

通过课内的实训，使学生既具有比较扎实的经济金融理论功底和复合的知识结构，又掌握从事金融实务工作的能力和较强的创新能力。

(2)演讲报告(PPT)文件主要训练学生进行自我发展和推销的演讲技能,通过演讲和学生的点评,训练学生具备良好的职业操守和人文素养。

(3)数据和表格处理(EXCEL)文件主要帮助学生提高使用计算机进行信息的检索和整合信息的能力,使学生具有完备的信息运用能力和计算机操作水平。

(4)通过中、外文献的检索,不仅可以提高学生的语言文字运用能力,而且可以培养学生的国际化观念、视野和较高的外语水平。文化的交流和融合是创新思维、创造能力培养的途径之一。在创新能力培养过程中,关注创新教学模式的设计与使用,能够激发和培养学生的创造性才能。

四、结束语

金融本科院校承担着培养经济管理人才的重要使命,探讨应用型金融人才培养的创新模式,即如何特色化办学,是各国高等教育面临的重要课题。本文重点介绍课程开发与设计如何为培养应用型金融人才服务,通过开发课程和设计教学模式,体现办学特色化。课程的开发应该具有前瞻性、多元性、基础性、实践性和灵活性,旨在为国际金融中心建设培养应用型金融人才。课程的设计应该既适应新的经济环境的社会需求,又具有行业特色。根据新时期金融应用型人才的特点,从学习者的需要和兴趣出发,重在解决问题能力的培养。学生在兴趣驱动下学习,体验克服困难和障碍的学习经历,在攻克这些难题,寻找解决它们的办法时,学生实现了体现这一课程的主要价值——真实性、意义性、直接性、主动性,以及活动与经验的相关性,使课程的开发与设计更好地为培养应用型金融人才服务。

【参考文献】

1. Paul Wells.Canada's Leading Universities want to, but Big Dreams call for Big Change[J]. *Maclean's*, 2009, (7): 38-40.

2. Garry F. Hoban. The Missing Links in Teacher Education Design[J]. *Springer*, 2005.

3. Ilias G. Basioudis, and Paul A. de Lange. An Assessment of the Learning Benefits of Using a Web-based Learning Environment When Teaching Accounting[J]. Published by *Advances in Accounting*, incorporating *Advances in International Accounting*, 2009, (25): 13-19.

4. 臧冠荣.应用型金融人才培养模式[J].上海金融学院学报,2007,(03):27-28.

浅析国有商业银行信贷风险的防范[①]

上官晓文　俞　敏

一、国有商业银行信贷风险的现状

中国银监会发布的统计数据显示，2012 年二季度末，商业银行不良贷款余额为4 564亿元，环比增加 4.15%；不良贷款率为 0.9%，与上季末持平。2012 年一季度末，商业银行不良贷款余额为4 382亿元，环比增加 1.06%；不良贷款率为 0.9%，比上年末下降 0.02 个百分点。2012 年一、二季度净利润分别为3 260亿元和6 616亿元，分别比上年同比增加 23.72%和 23.34%[②]。数据显示，一方面是商业银行的盈利屡创历史最好水平，而另一方面不良贷款环比不断上升的压力隐现，这不禁让人们担忧，是否银行不良贷款的周期即将来临？

贷款资产作为银行的一项主要资产经营业务，其运动以“两权分离、按期偿还”为本质，贷款利息收入是商业银行盈利的主要来源。国有商业银行“资产池”中沉淀着大量的不良资产，它是国有商业银行信贷风险的消极产物[③]。由于经济下行压力加大，银行的信贷资产更易受到各种事先无法预料的不确定因素影响，使银行信贷资产遭受更大的风险。

二、国有商业银行信贷风险的成因

国有商业银行信贷风险形成的原因比较复杂，既有宏观原因，也有微观原因；既有银行内部自身因素，又有外部环境因素。这些因素往往综合作用，加剧了银行信贷风险。

（一）信贷风险宏观成因

国有商业银行的宏观信贷风险主要表现为政府干预银行信贷，金融市场的法律、法规体系不健全等，这些外部环境因素对国有商业银行信贷风险的影响不容忽视。

1. 政府干预产生的信贷风险

---

① 本文发表于 2013 年第 5 期《经济研究参考》。

② 中国银行业监督管理委员会.2012 年商业银行主要监管指标情况表（季度）[EB/OL].http://www.cbrc.gov.cn，2012.

③ 李晓梅，曹国华.银行信贷风险的现状与防范[J].湖南医科大学学报，2008，10(5).

按照经济发展的客观要求，国有商业银行应该是资金配置的主体，政府职能应该仅限于宏观调控。实际情况是政府作为资金配置的主体和中心地位并未淡化，作为国有商业银行，虽然在人事、行政、业务上不受政府直接管控，但并不等于不受政府影响。政府作为资金配置的主体，并未从实际运作的干预中退出，中心地位并未淡化，往往造成部分指定项目投资效益不高，更有部分形成贷款的沉淀，导致银行产生信贷风险。

在特殊环境下，地方政府发展经济的压力明显加大，对金融支持经济发展的期望值过高。特别是某些地区产业基础、技术水平、市场环境、政府效率等方面不同程度地满足不了贷款投放条件。金融系统在政府释放空前利好的宏图下大规模投放贷款，而先天不足的经济基础缺陷可能成为信贷风险的隐患。

2. 法律体系不健全导致的信贷风险

从某种程度上说，市场经济就是法制经济。我国陆续出台了《商业银行法》《票据法》《公司法》《合同法》等相关法律、法规，对部分信用行为的债权保护提供了保证，但没有涵盖全部的信用行为，特别是对债务人履行偿债义务的约束不具有强制性，使得许多债务企业能够钻法律的空子，乘机逃避债务，导致法律制度约束不力。社会信用基础薄弱，企业失信成本低、收益大，加剧了国有商业银行的信贷风险。

（二）信贷风险微观成因

真正能够动摇国有商业银行的信贷风险是银行内部风险，从银行内部分析信贷风险的成因非常必要。国有商业银行大量信贷风险产生的直接原因来自于银行信贷管理体制不健全，内部控制存在较多漏洞。

1. 企业行为导致的信贷风险

贷款的主要偿还途径是通过经营获取利润来实现。在市场经济的环境中，企业经营状况、发展前景等内在素质始终是决定贷款质量的根本性因素，没有经济基础和市场前景的客户最终会被市场抛弃。近年由于国际金融危机的影响，我国企业的盈利水平明显下滑，削弱了企业的偿债能力，进一步突出了资本金不足的弊端，导致企业到期贷款不能偿还的现象屡屡发生。这就要求国有商业银行必须正视企业的经营风险，并且尽快提高国有商业银行识别和控制借款人经营风险的能力。

2. 内部控制失效诱发的信贷风险

国有商业银行在贷款操作中，注重贷款数量而轻视贷款管理，贷款审查制度流于形式。内部的各种制度，如内部授权授信制度、贷款审核审批制度、信用证和承兑汇票的签发制度等在实际业务过程中难以有效执行，许多内部稽核机制形同虚设。贷前调查不细，贷时审查不严，贷后检查不力，缺乏动态的跟踪监测，以致难以控制贷款的全过程，贷款过程中出现的问题也不能及时发现和解决。银行贷款结构不合理，也将加剧风险集中。从贷款的长短期结构看，中长期贷款占比过高，较易引发流动性危机。此类贷款因其回收期较长、不可预测因素多，且较难保证到期企业有足够的现金流来还本付息，使未来资产质量恶化的可能性增大；从贷款的产业结构看，过分地集中于少数几个产业，在产业和行业上投放不科学、不合理，将造成信贷结构失衡，当宏观风险蔓延到相关产业时，银行的贷款资金将不可避免遭受损失。

三、防范国有商业银行信贷风险的对策

针对国有商业银行信贷风险的成因，笔者认为建立国有商业银行信贷风险管理的内部控制体系是防范银行信贷风险的基础；政府、企业以及银行等相关部门采取必要措施，优化信贷环境，是防范银行信贷风险的保证。

（一）防范宏观信贷风险的对策

政府作为金融市场的重要参与者，其宏观管理职能是制定经济政策，稳定经济发展，完善社会信用体系，规范市场经济行为，防范宏观信贷风险。

1. 构建国有商业银行产权制度

完善公司治理结构，建立现代金融企业制度是提高银行的发展能力、竞争能力和抗风险能力的根本所在①。国有商业银行是我国金融市场的主体，是信贷风险最重要的组成部分，建立国有商业银行产权制度，使国有商业银行能够真正独立自主地开展经营活动。国家作为大股东以股东的身份发挥作用，政府管理经济职能，是制定每一个经济主体共同遵守的"游戏"规则，并且监督企业执行，对违规者按照规定实施相应的处罚，确保社会经济秩序有效运行。国有商业银行作为法人实体，拥有完全独立的、产权边界明晰的自有资本金，法人的经营自主权受到法律保护。国有商业银行在经营过程中应该确保经营资金的安全性、流动性和收益性，经营中出现信贷风险也只能以自有资本金承担相应的权利和义务，实现国有商业银行信用的契约化、规范化和严肃化，确保国有商业银行和借款人之间的信用履约关系能够得到法律的充分保护。

2. 完善社会信用体系，防范信贷风险

社会信用观念淡薄是造成国有商业银行信贷风险的一个重要原因，加强社会信用体系建设，应以道德为支撑，以法律为保障。在全社会倡导社会主义道德，弘扬中华民族崇尚诚实守信的传统美德，为建立健全社会信用体系提供必要的社会自律机制。市场经济是法治经济，法律体系可以为建立健全社会信用体系提供代表国家权威的强制性保障。建立起完备的法律体系，可以用法律上严格的他律规则促进道德上自律规则的形成。通过防范和惩治经济主体的违法、违规行为，保证社会信用体系的有效运行。社会信用体系的建立和完善能有效防止恶意行为导致银行不良资产的产生，减少银行不良资产数额，大大降低国有商业银行信贷风险。

（二）防范微观信贷风险的对策

微观信贷风险包括贷款流程和操作环节等风险，贷款流程从时间上考虑涉及

---

① 刘燕燕.国有商业银行风险管理[EB/OL].http://www.chinavalue.net,2011.

贷前、贷中和贷后；操作环节从空间上考虑涉及银行各个层面（如业务员、管理员等）的具体操作环节。微观信贷风险因素是国有商业银行信贷风险的主要来源，国有商业银行必须建立健全科学有效的内部控制制度，形成相应的风险防范和风险监控机制；规范贷款流程、严控操作环节，达到时间和空间之间的无缝有机对接，逐一排除信贷风险点，最终实现信贷资金的优质高效循环。

1. 规范贷款流程，防范信贷风险

立足于防范银行自身的信贷风险，完善的内部控制体系将信贷风险由事后补救转向事前防范，国有商业银行应严格信贷准入条件，全面贯彻相关行业客户准入和退出的政策及标准，在保证业务质量的条件下，从考核客户的信誉着手，采取各种有效措施培养客户忠诚度，减少存量优质客户流失风险。在审查借款人的贷款条件时，将客户第一还款来源的现金流量和企业发展前景作为主要考察对象。如果企业以应收账款对应的未来现金流量作为第一还款来源，应按照相关管理要求的规定对应收账款进行专户管理。企业应收账款开户银行应对客户结算账户的资金往来及余额变动情况进行监控，跟踪货物销售回款情况，在融资到期前检查客户账户资金余额和预期资金收付流量，确保还款资金来源充足及贷款的按时归还。在发放贷款时，要合理筛选，加强对贷款企业经济实力的调查，选择产品销量好、经济实力强、经营管理规范的企业作为贷款对象；在贷款发放后，要加大对贷款用途进行全程跟踪和检查的力度，要切实加强贷后管理，坚持做到检查制度化、操作标准化。密切关注贷款资金的动向，帮助企业合理地将资金用于原定用途，尽可能阻止企业盲目使用资金，预防企业将贷款资金挪作他用，有助于企业有效规避行业的经营风险和市场风险，为企业把好资金使用关，及时掌握资金的使用效果。确保国有商业银行信贷资金的安全。

银行贷款要求专款专用，这是信贷管理非常明确的规定，然而目前由于借款人经营的灵活性、多变性，加上国有商业银行对信贷资金专款专用监管的困难性增大了国有商业银行贷款的风险。2011 年 3 月 7 日，某国有商业银行某支行向某公司发放小企业循环贷款1 450万元，至 4 月 6 日，该公司通过网银专用账户转账支付 67 笔，对手多为不同个人账户，累计金额约 758 万元。其中一笔 700 万元用于归还个人借款，违反了贷款资金划转要求。造成违规事实及危害的主要原因是客户经理对贷后资金管理不力，对于企业违规使用资金的异常情况未能及时予以发现和制止，引发资金合规使用风险。贷后管理是实现贷款安全性、流动性和效益性三大基本原则的必要条件，贷后管理是银行信贷资产安全收回本息的根本保证。

2. 严控操作环节，防范信贷风险

目前，国有商业银行在业务操作过程中，业务人员及管理人员的不当操作导致的经济纠纷，最终导致商业银行经济损失的行为屡见不鲜。例如，某国有商业银行某支行于 2011 年 1 月 14 日办理了一笔 3 亿元的结汇业务，支票签发日期为 2010 年 1 月 14 日。由于办理业务人员疏忽，未能发现客户转账支票在签发日期上的错误，现场指定复审柜员和远程授权人员未认真履职，均未发现该错误而受理了过期的转账支票，由于金额巨大，一旦引起经济纠纷将会对国有商业银行造成极大的不利影响。规范贷款操作“空间”流程，控制贷款风险是国有商业银行不断努力的方向。

市场经济是信用经济，事有信则利，事无信则废。信用是市场经济运行的基石，商业银行信贷风险是不可避免的，但是通过有效的手段加以防范，可以减少信贷风险带来的损失，笔者从国有商业银行的角度出发提出了防范信贷风险的对策。除此之外，信用担保机构的建立，企业经营管理水平的提高，财务预警机制的构建，信用观念的树立，构筑良好的银行与企业关系，创建和谐的金融市场体系是防范国有商业银行信贷风险的前提和有效途径。

IPO 抑价、投资者情绪与公司价值[①]

李绍敬

一、问题的提出

我国的资本市场从实行改革开放之后不久开始建立并发展至今，资本市场的相关管理制度逐步得到发展完善。在我国的证券市场中，上市公司首次公开发行新股（Initial Public Offerings，IPO）同样存在国外证券市场上普遍发生的抑价现象，即通常的 IPO 抑价（Underpricing）。IPO 抑价现象是指新股发行价格明显低于新股上市首日交易价格（通常以收盘价作比），投资者以发行价格申购得到的股份在股票上市交易首日即能获得显著的超额收益。实践表明，IPO 抑价现象在世界各国的证券市场上都不同程度地存在，但相对成熟的证券市场上 IPO 抑价的程度相对较低，而新兴市场国家的证券市场上 IPO 抑价程度则普遍比较高。我国证券市场属于新兴的资本市场，整体而言，IPO 抑价程度比西方发达市场经济国家资本市场的 IPO 抑价现象更为严重。

我国证券市场 IPO 发行方式主要经历了审批制和核准制两种。在核准制方式下，具体可以区分为三个阶段：第一阶段是 2000 年开始至 2001 年上半年，新股发行采用"区间范围内累计投标竞价""不确定发行价格、只设底价，不设上限"等发行方式。该方式下导致了市场更大的炒作和上市公司过度融资现象，降低了市场配置资源的效率。第二阶段是 2001 年下半年开始到 2004 年年底，新股发行采取累计区间投标询价方式并规定询价上限按照严格规定的市盈率预定范围内发行，IPO 的市盈率限定为 20 倍以内。2001 年下半年由于我国股票市场进行国有股减持从而导致市场大幅下挫，至 2004 年年底，进行新股发行方式的改革，即进入第三阶段，新股发行实行累计投标询价制度。中国证监会发布通知和相关配套文件，规定从 2005 年起新股发行实行询价制，通过向机构投资者询价的方式来最终确定新股发行价格，并且不限定发行市盈率倍数。

我国实行询价制度的目的是为了克服以往发行制度的缺陷，使发行人与投资者之间建立沟通的渠道，降低信息不对称，实现市场应有的价值发现功能，提高 IPO 定价的合理性，从而降低 IPO 的抑价程度。IPO 询价制度的推出也是期望进

① 本文得到中央财政支持地方高校发展专项资金"高素质应用型金融会计创新团队建设"项目资助。

一步建立 IPO 的市场化定价机制，提高市场配置资源的效率，推动我国资本市场的稳定发展。本文拟就在询价制下我国证券市场 IPO 抑价现象进行实证研究，检验我国实行询价制度是否达到了预期目的。此前针对我国 IPO 抑价现象的研究基本都是选择实行询价制度之前的 IPO 公司作为样本进行的，所研究的结论反映的是发行制度变化之前的情形，所以不能体现新的制度变迁的影响。本文选择在新的询价制度实施后进行 IPO 的公司作为研究对象进行该研究，应更具有一定现实意义和价值。从已有的研究文献看，研究投资者主观方面对 IPO 抑价影响较为少见，故此，本文结合投资者情绪来研究 IPO 抑价问题。

本文第二部分为文献回顾，第三部分为理论分析与研究假设，第四部分为研究设计与实证分析，第五部分为研究结论。

二、文献回顾

（一）国外 IPO 抑价现象研究

国外学者对于 IPO 抑价现象的研究始于 20 世纪 70 年代。Logue(1973)和 Ibbotson (1975)分别对美国证券市场 20 世纪 60 年代的资料进行实证研究，发现美国 IPO 的初始收益率平均为正。其他的学者，Miller 和 Reilly(1987)，Carter 和 Manaster(1990)，Hanley(1993)，Sindelar 和 Ritter(1998)等先后利用美国证券市场 20 世纪 70、80 和 90 年代的资料进行研究，进一步证实在美国 IPO 的发行价格比上市首日收盘价平均都低。Ibbotson (1975)称该现象为“IPO 抑价之谜(Underpricing Puzzle)”。

国外的学者经过研究 IPO 抑价现象，从不同的角度提出了各种理论假设来解释 IPO 抑价现象，包括信息不对称理论、信号显示理论、委托代理理论以及股票配售理论等。

Baron(1982)提出的 IPO 抑价的信息不对称假说主要是根据承销契约关系的本质以及上市公司与承销商之间的信息不对称来解释 IPO 抑价现象。Rock (1986)提出了著名的“赢者诅咒假说(Winner's Curse Hypothesis)”。该假说假定投资者对 IPO 定价有主动权，市场上的投资者分为知情者和非知情者且二者之间信息不对称。知情投资者具有信息优势，对于有价值的新股积极进行投资，使得非知情者无法认购到有价值的新股，非知情者所能够认购到的是知情者不愿认购的“垃圾股”。如此情况，就出现所谓的“赢者诅咒”结果，非知情者认购到的新股都会产生亏损。非知情者意识到该情况，就会不参与申购新股，进行 IPO 的公司为了吸引非知情投资者参与认购新股，就通过降低新股定价的方式以弥补非知情者的潜在损失。IPO 抑价的“赢者诅咒”假说主要是说明了解决非知情投资者的“逆向选择”问题。Welch(1992)建立了不对称信息情况下的信息流模型。非知情的投资者只在股票热销时才参与申购，过高的 IPO 定价导致知情投资者不会参与认购，非知情投资者也不参与，这样会导致新股发行失败。因此，IPO 公司发行新股会产生两个极端现象，要么是认购过少，要么是产生超额认购。Loughran and Ritter (2002)研究了承销商和发行者之间的委托代理关系，认为如果承销商有权决定股票配售，这种决定将不会自动服务于发行公司的最大利益。承销商可能故意低定价发行，将更多的钱搁置起来，然后将这些股票配售给客户。Carter and Manaster (1990)的实证研究表明，投资银行的声望给市场提供了有关企业风险的信号。投资银行信誉假说也是一种信号显示方式。高信誉的投资银行承销的IPO抑价水平会相对低。

此外，解释IPO抑价现象的还有市场气氛假说(Market Climate Hypothesis)等。市场气氛假说表明在市场牛市期间，IPO会有更高的抑价。Ritter(1984a, 1991)、Aggarwal and Conroy (2000)验证了IPO公司的抑价率和市场气氛之间具有明显的正相关关系。

(二)国内IPO抑价现象研究

国内许多学者对于在我国上海证券交易所和深圳证券交易所存在的IPO抑价现象进行了研究和解释。王晋斌(1997)发现，沪市1997年上半年IPO的平均超额收益率达267%，他以1997年部分新股为样本进行分析后发现，传统的解释变量(风险、股利、公司规模、宏观经济景气指标、中签率、承销方式)对中国股市新股申购为何具有超额报酬率均不具显著的解释能力，承销方式的差别不能有效解释沪市新股申购中存在的高抑价率。陈工孟、高宁(2000)对我国A股高抑价的解释是，投资者和发行公司会进行博弈，如果投资者认为该公司风险大，公司就会抑价发行新股。同时，如果IPO公司计划上市不久后增发股票，则会在一级市场以较低价格发行新股。他们研究选取的样本是1992～1996年发行上市的480家A股和85家B股，统计结果显示，A股平均发行抑价率很高，达到335%，远超过其他国家。对于中国企业高抑价发行A股的解释：一是发行与上市时间间隔过长(有些超过3年)，增加了不确定因素，高抑价是上市风险的补偿；二是中国上市公司配股频繁，一些企业在一级市场只发行少量的股票来创建市场和建立股价，再以配股融资。胡继之、冯巍、吕一凡(2002)，王莉(2000)，邹健(2003)，卢铁男(2003)以及金晓斌、吴淑琨、陈代云(2004)等学者都通过对国内IPO的研究发现，我国IPO高抑价现象是普遍的。导致高抑价的原因包括新股发行与上市的时间间隔，IPO抑价受到二级市场股指水平的影响，二者是正的相关关系。另外，行业因素、发行流通规模、发行市盈率、企业规模等也是影响IPO高抑价的因素。

总之，从现有的国内外研究文献看，对于投资者情绪对IPO抑价的影响的研究较少。我国研究者所采用的IPO样本公司基本都是在我国新股发行实施询价制度之前的情况，对实施询价制度之后的IPO公司的实证研究却鲜见。本文拟对实施询价制度之后的IPO公司，结合投资者情绪因素做尝试性研究。投资者情绪影响了IPO抑价，也是对公司价值判断的一种直观外在反映，具有投资价值的公司，投资者情绪是积极的；反之则是消极的。

三、研究分析与假设

(一)IPO 抑价与投资者情绪

我国 IPO 市场的又一次制度变迁是 2005 年开始实施 IPO 询价制度。该制度规定 IPO 公司(发行人)及其保荐机构(通称保荐人)应通过向询价对象询价的方式确定股票发行价格。询价分为初步询价和累计投标询价两个阶段,通过初步询价确定发行价格区间,然后通过累计投标询价确定股票发行价格。参与初步询价的对象数量不得低于规定的数量。在该制度下可以使得发行人与投资者就新股发行定价进行沟通,降低信息不对称,有利于发掘市场对股票的真实需求。虽然现在规定参与询价的对象是机构投资者,但作为机构投资者的报价,也为公众投资者进行投资提供了重要的价值判断标准。因此,积极进行投资询价的投资者的报价会使得产生大量认购,在发行股票数量确定的情况下,投资者申购到股票的机会就小,在一级市场中没有申购到股票的投资者会在股票的二级市场积极投资,从而会使得二级市场股票交易价格高过一级市场申购价格,产生不同程度的抑价现象。因此,我们提出假设:

H_1:其他条件不变的情况下,投资者情绪积极,则 IPO 抑价水平也就高;投资者情绪消极,则 IPO 抑价水平低。投资者情绪与状态对 IPO 抑价具有正相关关系。

(二)IPO 抑价与公司价值

在现行询价制度下,参与询价的投资者凭借自身的专业知识和研究能力,对拟进行 IPO 的公司进行各方面的专业投资价值技术分析,给出公司价值的理性评价,并对公司股票进行合理定价,公众投资者限于自身的投资分析能力和水平,可以参考机构投资者对公司价值的判断,对投资决策做出理性的判断。投资者考虑到 IPO 公司的风险性和不确定性及自身判断与分析局限,对于投资标的公司股票的定价自然不会超过判断的公司价值。然而,对于具有潜在投资价值和良好发展前景的优质 IPO 公司,在公司股票上市后,会使得新股产生高抑价。对于 IPO 公司实际价值低于判断的公司价值的,投资者会在后续的研究、分析中修正自己以前的价值判断,降低公司价值水平。上市后的新股抑价水平也就低。据此分析,我们提出假设:

H_2:其他条件不变的情况下,IPO 抑价水平与上市公司的价值具有正相关关系,即公司价值越高,IPO 抑价水平也应高。

四、研究设计与实证分析

(一)样本选择与数据资料来源

本文研究的总的样本挑选来自于沪深两市的 IPO 公司,数据选取的时间期间为 2005 年 1 月 1 日至 2009 年 9 月初所搜集到的 IPO 公司样本,共有 306 家进行

IPO 的公司。排除以“比例换股”方式新发行股份的公司共 5 家，排除“金融类公司”13 家，排除被特别处理的公司 2 家，排除截至 2008 年度最近三年平均的盈利水平为负的公司共 5 家，最后得到的样本 IPO 公司共 281 家。其中，沪市样本数为 32 家，深市样本数为 249 家。数据资料的收集来自 Wind 数据库、上交所和深交所网站相关统计数据以及大智慧证券信息系统相关资料，并按照研究需要进行了手工整理。

样本公司涉及除金融行业之外的证监会所划定的其他 12 个行业，参看表 1。

表 1　IPO 样本公司行业分布

行业类别	样本公司数目
1. 采掘业	14
2. 传播与文化产业	3
3. 电力、煤气及水的生产和供应业	3
4. 房地产业	7
5. 建筑业	9
6. 交通运输、仓储业	10
7. 农、林、牧、渔业	5
8. 批发和零售贸易	8
9. 社会服务业	10
10. 信息技术业	23
11. 制造业	188
12. 综合类	1
合计公司总数	281

（二）变量指标选择与说明

1. 被解释变量

从国内外参考文献看，IPO 抑价程度的衡量方法可以有多种。本文是以 IPO 抑价率，即上市首日收盘价与发行价的差与发行价的比率。IPO 抑价率(IPO Underpricing Rate)反映新股发行定价被低估的程度，可以用新股上市首日收益率来衡量。计算方法是以股票的“收盘价”减去“发行价格”，然后除以“发行价格”。为分析方便，统一乘上 100 表示。即：

$$IR=(P_1-P_0)\div P_0\times 100$$

其中，IR 表示抑价率，P_1 是新股上市首日的收盘价，P_0 为新股发行价格。IPO 抑价率是衡量新股发行定价是否合理的重要指标。如果 IPO 抑价率小于 0，即新股上市首日就跌破发行价，说明新股定价过高；如果 IPO 抑价率显著大于 0，即上市首日就获得显著的超额收益，说明新股定价存在低估现象。

对于样本公司总体以及沪市和深市分布进行的 IPO 抑价率的统计描述结果如表 2、表 3 和表 4 所示。

表 2　　IPO 样本公司总体的统计描述结果

	N	Minimum	Maximum	Mean		Std. Deviation	Variance
	Statistic	Statistic	Statistic	Statistic	Std. Error	Statistic	Statistic
抑价率（%）	281	2.79	538.12	1.3539E2	6.07812	101.88790	1.038E4

表 3　　沪市 IPO 样本公司的统计描述结果

	N	Minimum	Maximum	Mean		Std. Deviation	Variance
	Statistic	Statistic	Statistic	Statistic	Std. Error	Statistic	Statistic
抑价率（%）	32	11.52	329.53	97.4363	12.57389	71.12868	5.059E3

表 4　　深市 IPO 样本公司的统计描述结果

	N	Minimum	Maximum	Mean		Std. Deviation	Variance
	Statistic	Statistic	Statistic	Statistic	Std. Error	Statistic	Statistic
抑价率（%）	249	2.79	538.12	1.4027E2	6.60973	104.29975	1.088E4

从总体样本公司的统计描述结果看，实施询价制度之后，我国 IPO 公司的抑价程度依然很大。对比沪深两市的抑价率水平我们发现，沪市抑价率水平的均值、最大值、标准差小于深市，沪市样本公司抑价率的最小值比深市的最小值大。统计描述结果对比显示深市的 IPO 抑价水平比沪市要大，其原因可能是由于沪市与深市的市场定位有关，在沪市进行 IPO 的公司发行规模都比较大，而同期在深市进行 IPO 的公司发行规模都比较小，我国股票市场的“供不应求”现象在深市表现得更为明显，比较发行规模而言，大量的资金参与深市申购和上市交易，产生较高的抑价水平。

2. 解释变量

(1)中签率(RATIO)

中签率高低说明了投资者参与 IPO 申购的情绪。较低的中签率表明投资者的投资情绪高涨，这就意味着对股票的需求较高，所以转向二级市场抬高股票的市场价值，股票的超额收益率越高，首日抑价率会相应高。较高的中签率说明投资者的投资积极性不高，对股票的需求较低，预计二级市场股票的交易价格也较低，所以抑价率会低。该指标可以被选作衡量投资者情绪变化的替代变量指标，并且我们假定中签率与抑价率成负相关关系。

(2)首日换手率(ExRate)

首日换手率指标反映了新股上市交易首日的股票流动性程度和投资者参与股票交易的积极性，也是投资者情绪的一种反映。我国的股票交易制度规定为(T+1)，即当日买入的股票当日不能出售。投资者在交易首日愿意积极买入，反映在首日较高的换手率水平，表明投资者对公司投资价值较好的判断，未能够在一级市场申购中签的投资者期望在新股上市交易的首日进行投资，以期投资持有公司股份获得收益。较低的首日换手率水平或许表明了投资者对公司价值不认可，认为公司存在风险，价值具有不确定性，所以投资情绪不积极。首日换手率水平高会导致产生较高的抑价水平，换手率低则抑价水平也相对较低。所以，首日换手率与抑价率水平应是正相关关系。

(3)首发市盈率(PE)

首发市盈率指标反映了对发行新股公司的盈利能力的一种预测。较高的发行市盈率水平可以在一定程度上代表公司较强的盈利能力，是投资者的一种主观判断，高的首发市盈率水平虽然代表了公司所具有的潜在风险比较大，但在我国资本市场呈现需大于供的行情下，大多数的投资者仍然会热衷于炒作，对于首发市盈率水平较高的新股发行，仍会对该公司进行投资，反映了投资者的乐观心态。故此，IPO公司首发市盈率高，则IPO抑价水平相应也高。首发市盈率水平应与抑价率成正相关关系。

(4)首发比例(FRate)

首发比例反映了公司公开对外发售公司股份的大小，也是公司保持原所有者对公司控制能力的一种反映。首发比例高，投资者能够认购到股票的概率就大，则在首日交易时的抑价水平就会低；反之，公司IPO首发比例低，则投资者认购到股票的概率就小，首日股票交易的抑价水平就会高。所以，首发比例指标应与抑价水平具有负相关关系。

此外，我们选取的控制变量包括公司截至2008年度连续三年的平均资产负债率(AVLEV)、三年的平均权益回报率(AVROE)和三年的平均资产回报率(AVROA)指标。

(三)模型构建与实证检验

根据以上的分析，本文构造以能够反映抑价程度的收益率IR为被解释变量的多元线性回归模型如下：

$$IR=\alpha+\beta_1 RATIO+\beta_2 ExRate+\beta_3 PE+\beta_4 FRate+\beta_5 AVLEV+\beta_6 AVROE+\beta_7 AVROA+\mu$$

模型中变量IR为上市首日的抑价率；$RATIO$为中签率，反映投资者的投资情绪；$ExRate$为首日换手率指标，反映新股上市交易首日的股票流动性程度和投资者参与股票交易的积极性，也是投资者情绪的一种反映；PE为首发市盈率，是对发行新股公司盈利能力的一种预测，也代表了公司所具有的价值和潜在风险；*FRate* 为首发比例，反映公司公开对外发售公司股份的大小；*AVLEV*、*AVROE* 和 *AVROA* 为控制指标。

本文采用 SPSS16.0 进行计量回归分析。回归分析的结果见表 5。

表 5　回归模型的结果

Model	Unstandardized Coefficients		Standardized Coefficients	*t*	Sig.
	B	Std.Error	Beta		
(Constant)	112.116	58.366		1.921	0.056
中签率(*RATIO*)	−0.519	0.200	−0.165	−2.591	0.010*
首日换手率(*ExRate*)	0.872	0.632	0.093	1.380	0.169
首发市盈率(*PE*)	2.282	0.768	0.174	2.971	0.003**
首发比例(*FRate*)	−1.053	0.606	−0.110	−1.739	0.083***
AVLEV	−0.529	0.539	−0.083	−0.981	0.328
AVROE	−1.964	1.078	−0.226	−1.821	0.070***
AVROA	0.971	1.903	0.067	0.510	0.610

注：* 表示在 1%水平上显著，** 表示在 5%水平上显著，*** 表示在 10%水平上显著。

从回归的结果分析，我们可以看到 *RATIO* 指标与我们的预期相符，与抑价水平呈现负相关，并且在 1%水平上显著。*RATIO* 与 IPO 抑价率负相关。中签率的高低反映了新股供求比例，我国股票发行中签率极低，说明市场对新股需求旺盛，上市交易价格会远大于其正常的市场价，导致 IPO 抑价更高。我国证券市场显著的羊群效应表明，投资者从众心理很强。又由于二级市场的投机炒作氛围浓厚，投资者希望能在一级市场获得认购，从而在二级市场获得更高的收益，这加剧了抑价水平。

ExRate 系数为正，这与我们前面的分析相符合，高的换手率会导致高的抑价水平，但是结果不显著。股票上市首日较高的换手率增加了股票流动性，有利于发现股票的真实价值并推动股价上升，加深了抑价程度。从总体看，我国股票发行后的首日换手率普遍较高，也从侧面说明我国股市尚不成熟，投机性较强。

PE 系数为正，并且在 5%水平上显著，这也符合我们前面的分析。较高的发行市盈率水平可以在一定程度上代表投资者的一种主观判断，高的首发市盈率水平表示投资者对公司价值看好，且在我国资本市场呈现需大于供的行情下，大多数的投资者仍然会热衷于炒作，对于首发市盈率水平较高的新股发行，仍会对该公司进行投资，反映了投资者的乐观心态。故此，首发市盈率水平高与抑价率为正相关关系。

FRate 系数为负，在 10%的水平上显著，符合我们的分析。该指标反映了公司首发比例高，投资者能够认购到股票的概率就大，则在首日交易时的抑价水平就

会低;反之,公司 IPO 首发比例低,则投资者认购到股票的概率就小,首日股票交易的抑价水平就会高。所以,首发比例指标与抑价水平具有负相关关系。

实证结果基本上验证了我们的假设,即投资者情绪与 IPO 抑价是正相关关系,高涨的投资者情绪会导致产生高的抑价水平。公司价值高也会导致产生高的抑价水平。公司价值体现在市盈率指标和首日的换手率水平上,该两个指标的实证结果都显示了公司价值对于抑价水平的正的影响作用。

五、研究结论

本文希望通过对我国证券市场存在的显著的 IPO 抑价现象的研究,结合我国在实施询价制度之后的 IPO 抑价情况进行初步实证分析。本文所做的初步的实证分析结果基本证实了我们的假设和判断。

本文的研究还有一定的局限,由于数据的获取条件,有一些因素未能够作为变量进行分析,比如锁定期因素。另外,从分析角度考虑,还应该考虑样本公司所处的行业因素对 IPO 抑价水平的影响。今后将继续深入考虑其他影响我国 IPO 抑价水平的因素,以期能够得到更客观的研究结论。在研究方法上,也应考虑使用多种分析方法进行多角度的分析。

【参考文献】

1. Benvensite, L. M., W. Y. Busaba and W. J. Wilhelm, 1996, "Price Stabilization as a Bonding Mechanism in New Equity Issues", *Journal of Financial Economics*, 42, pp.223—256.

2. Booth, J.R and L.Chua, 1996, "Ownership, Dispersion, Costly Information and IPO Underpricing", *Journal of Financial Economics*, 41, pp.291—310.

3. Boulton, T.J., S.B.Smart and C.J.Zutter, 2007, "Governance and International IPO Underpricing", SSRN Working Paper, No.928526.

4. Bradley, D. J. and B. D. Jordan, 2002, "Partial Adjustment to Public Information and IPO Underpricing", *Journal of Financial and Quantitative Analysis*, 37, pp.595—616.

5. Brennan, M.J. and J.Franks, 1997, "Underpricing, Ownership and Control in Initial Public Offerings of Equity Securities in the U.K.", *Journal of Financial Economics*, 45, pp.391—413.

6. Burkart, M.and F.Panunzi, 2006, "Agency Conflicts, Ownership Concentration, and Legal Shareholder Protection", *Journal of Financial Intermediation*, 15, pp.1—31.

7. Cater, R.B. and S.Manaser, 1990, "Initial Public Offerings and Underwriter Reputation", *Journal of Finance*, 45, pp.1045—1067.

8. Denis, D. K. and J. McConnell, 2003, "International Corporate Governance", *Journal of Quantitive Annals*, 38, pp.1—36.

9. Elston, J.A.and L.Rondi, 2004, "Shareholder Protection and the Cost of Capital: Empirical Evidence from German and Italian Firms", SSRN Working Paper.

10. Eng., L., A.Khoo, and R.Tan, 1998, "Communication of Private Information and the Valuation of Initial Public Offerings in Singapore", *Journal of International Financial Management*

and Accounting, 9, pp.63—82.

11. Field, I,. C. and D. P. Sheehan, 2004, "IPO Underpricing and Outside Blockholdings", *Journal of Corporate Finance*, 10, pp.263—280.

12. Ibboston, R. G., 1975, "Price Performance of Common Stock New Issues", *Journal of Financial Economics*, 2, pp.235—272.

13. Ljungqvist, A., V. Nanda and R. Singh, 2004, "Hot Markets, Investor Sentiment, and IPO Pricing", *Journal of Bussiness*, Forthcoming.

14. Loughran, T. and J. R. Ritter, 2002, "Why don't Issuers Get Upset about Leaving Money on the Table in IPOs", *Review of Financial Studies*, 15, pp.413—443.

15. Loughran, T. and J. Ritter, 2004, "Why has IPO Underpricing Changed over Time?", *Financial Management*, 33(3), pp.5—37.

16. Welch, I. 1989, "Seasoned offerings, Imitation Costs, and the Underpricing of Initial Public offerings", *Journal of Finance*, 44, pp.421—450.

应用型本科会计教育过程中职业能力培养的构建与实施①

姜雅净

职业能力是职业人员从事某一岗位工作所需的个体能力，它由个体的知识、技能、素质诸要素组成，并作为一个有机整体综合地发挥作用。会计职业能力一般应包括为了胜任会计工作而必须具备的能力，具体表现为工作前的获得任职资格、工作中在会计岗位上表现出的职业素质、今后会计职业生涯中的职业发展能力三个方面。

应用型本科院校的会计专业培养的人才主要针对的是企事业单位的会计核算人员岗位群，这些岗位往往要求有关从业人员具有胜任相应岗位的职业能力，即运用获得任职资格过程中所学的专业知识能力、会计岗位上表现出的职业素质中岗位适应能力、今后会计职业生涯中的职业发展能力和开拓创新能力。要使得会计专业的学生通过四年的学校培养，达到用人单位的这些职业能力要求，在毕业时实现“零培训”上岗，会计教育过程中教师必须把职业能力培养作为课程教学的目标，改变课堂教学模式，树立理论教学为职业能力培养服务的教育理念，以强化职业能力培养为教学重点，在教学过程中有效地构建培养会计职业能力的方案，并在教学过程中积极地实施。

一、会计教育过程中职业能力培养的构建

（一）理念上，教师在备课过程中要树立和贯彻会计职业能力培养的意识

备课是教学的起点和基础，是决定教学质量的关键环节，是教学目的确定环节，是教育思想的理解和认识环节。只有教师充分认识到会计职业能力培养的重要性，明确应用型本科会计职业能力培养的侧重点和切入点，才能使教学收到预期效果。为此，教师要加强本科应用型人才培养理念的学习，提高应用意识，加强会计职业意识的理解和教学内容结合。

教师要深刻认识到会计职业作为一个传统而又不断成长的管理职业，其职业意识包括反复训练形成的基本规范意识、随着社会的进步和经济管理的发展而发展的科学发展意识、在现代企业管理环境中历练出的职业精神意识。其中，规范意

① 本文发表于 2012 年 10 月《教书育人：高教论坛》。

识要求在处理会计事务中要以强烈的遵守规范意识为指导，以相关法律为准绳，熟练运用会计职业中的各项规范，并养成习惯，进而规范会计行为，这是会计专业学生能正确运用专业知识的前提条件。科学发展意识要求会计要主动把握经济社会快速发展的脉搏和市场化、国际化、信息化的进程，注重引进、消化、吸收现代会计的理念和科学方法，从基础的会计核算向为单位经济预测、决策、分析、控制等高层服务转变，从公司治理、资本运营、风险管理等多个层面，注重思考和认识会计的职能和定位，加快向决策有用型、决策支持型转变，这是会计专业学生融入社会、适应社会发展的必要条件。会计职业精神意识是会计人改造主观世界的精神生活与成果的总和，它表现在两方面：会计文化和会计思想。文化方面包括：知识积累状况，会计教育事业的发展程度，会计的发展规模和水平等。思想方面包括：会计人的道德风貌、世界观，会计人的情操与信念等，要求会计人员诚实守信、客观公道、超然正义、创新开拓。

（二）内容上，科学地界定和理解本科应用型会计培养职业能力的内容

科学地界定和理解会计职业能力的内容是培养学生职业能力的基础。对于会计人才的培养来说，它不是仅以知识的获取为目标，而主要是以获得职业能力为目标。即通过学习会计理论和进行会计职业技能教育，培养具有一定水平的专业人员，达到胜任特定职业岗位的要求。笔者认为当前会计职业能力的基本内容主要包括以下三个方面，即会计专业知识的运用能力、会计的社会适应能力、会计的开拓创新能力。

1. 会计专业知识的运用能力

大学书本上所学的知识系统性、理论性强，为会计人员提供了会计实务操作时进行推理、分析和制定具体会计流程的依据，是做好会计工作的必要因素之一。但另一方面，企业是一个复杂的经营管理系统，有很多难以确定的因素，会计人员必须根据自己的专业知识，结合企业的具体实际情况，对那些不确定因素做出合理的解释，找出其中的原因，确立采取的对策。若不能对会计工作中出现的不确定因素予以合理的解释，意味着会计人员虽已获得了专业知识，但没有能力把所学的专业知识灵活地运用于具有不同情况的会计工作中，难以顺利地完成会计工作并取得工作业绩。因此，运用专业知识的能力非常重要。这种能力主要表现为会计核算能力、价值确认能力和监督工作能力。

2. 会计的社会适应能力

会计工作是企业整个管理系统的一个组成部分，不仅要与企业内部“人、财、物、产、供、销”各种职能管理部门和基层单位打交道，而且要与企业外部金融、税务、法律、供销等各种国家机关和企事业单位发生频繁业务往来。同时，我国“十二五”规划也加快了会计现代化的进程，只有牢固掌握现有会计知识和技能，提高沟通和协调的能力，深刻洞察我国会计现代化的脉搏，跟上现代化发展进程的人，才能胜任未来的会计工作。因此，为了提高社会适应性，除了要求学生具备基本的会

计专业技术能力外，还应要求学生具备必要的社会应变能力。这种能力主要表现为行业差异适应能力、关联职业沟通能力、会计现代化能力。

3. 会计的开拓创新能力

当前，在改革开放、经济全球化的新形势下，我国会计工作的一些老问题没有完全解决，新问题又层出不穷。那种只知道从书本到书本的学生是不能适应未来不断变化的时代需要的。只有面对新情况、新问题，“与时俱进、开拓创新”的人，才能担当起在新世纪实现会计现代化的伟大历史任务。因此，为了学生未来的发展需要，除了要求学生掌握会计专业技术能力和会计社会应变能力外，还应该要求学生掌握会计开拓创新能力。这种能力主要表现为会计职业观察和思考能力、文献检索和资料运用能力、会计职业判断能力。

二、会计教育过程中职业能力培养的实施

（一）改革理论教学体系，培养会计专业知识的运用能力

以社会对会计专业毕业生基本素质和职业能力的要求为主线构建理论教学体系，逐步完善教学计划、教学大纲和教材，注重教学内容的实用性和先进性，增强现代化教育技术手段的应用，突出学生职业能力的培养。具体做法是：

在一般以制造业为例的财务会计学习后，开设“行业比较会计”“预算会计”“银行会计”“证券会计”“保险会计”“基金会计”“信托会计”等课程并进行必要的技能实训，以帮助学生了解制造业以及其他行业会计核算的特点，增强毕业后到制造业以外行业就业时的适应性；开设“管理学”“投资学”“市场营销学”“经济法”“中国税制”“计算机基础”“管理信息系统”“会计理论专题”“国际比较会计”“财政学”“金融资产管理”等关联职业课程并进行必要的实训，以增强学生就业后与这些关联行业打交道时的协调、沟通能力，提高就业的适应性。

（二）改革实践教学体系，培养会计的社会适应能力

通过理论课的学习可以使学生掌握从事会计专门性工作应具有的基本理论、基本知识和基本技能，但要真正消化运用这些理论，必须通过实践。突出、强化实践教学，创新学生的实践能力、职业能力培养模式，完善实践教学体系。具体做法是：

在第一课堂模拟实训阶段，开展让学生面对企业典型经济业务，运用所学知识，进行未来会计职业岗位工作的模拟训练的实践教学活动。首先，在“会计基础”课程教学过程中进行随堂课内手工模拟实训，然后课外开展手工模拟实验室实训，以巩固教学效果，并为后续开设的“财务会计”课程奠定良好基础。其次，应在“财务会计”课程教学后，进行手工和电算两种模拟实训，以培养学生的会计核算能力，并为未来手工、电算两种情况下的就业做准备，提高就业适应性。最后，应在“财务管理”“管理会计”和“审计学”等课程教学后，进行以“财务预算编制”“投资决策”“筹资决策”“营运管理”“利润分配”“财务报表分析”等内容的财务管理模拟实训，

以“成本计算”“成本预算”“成本控制”“成本分析”为内容的成本管理模拟实训，以及以“审计学”为内容的审计工作模拟实训。在第二课堂开展“手工凭证大赛”“点钞大赛”“职业规划大赛”“传票翻打大赛”，同时利用好暑期社会实践平台，指导学生到实习基地验证所学知识，让学生了解企业专业技术工作状况，锻炼工作能力，培养未来工作适应性。

（三）改革素质拓展教育体系，培养会计的开拓创新能力

以职业能力培养为中心，以能力培养规律为准则，以制度建设为保证，以平台建设为载体，构建素质拓展教育体系，培养会计的开拓创新能力。

通过学术科技活动培养学生的科学精神、创新能力以及追求真理、光大学术、推进科学的“求真”品格。通过制定相关制度和管理办法、加强理论学习，来引导学生追求真理，树立正确的世界观、人生观、价值观。组织一年一度的学术科技节，举办课外学术科技作品竞赛、电子设计大赛、数学建模竞赛、财税知识竞赛、“挑战杯”等多项学术科技竞赛活动；举办各类学术科技讲座；设立“大学生科技创新基金”，对大学生学术研究课题与科技发明创造项目进行资助；为大学生提供教师科研助理岗位；在学术讲座的基础上创办学术论坛，为学生提供高水平的科学讲座。

通过文明道德活动教育培养学生的仁爱精神、道德能力以及崇善、向善、扬善的“求善”品格。充分发挥学生的主体性作用。大力加强入学教育、榜样教育、警示教育和文明教育等一系列日常管理教育活动；深入开展大学生文明修身活动，着力创建文明寝室、文明班级、文明学院、文明校园；着力开辟网络思想政治教育阵地，在学院网页上开设专栏论坛心灵驿站等栏目，组织公民道德知识竞赛、大学生诚信论坛、职业素养与职业道德研讨、知荣明耻树新风主题团日，以及敬老、爱老、助老主题班会等活动。

通过文化艺术活动教育和培养学生的人文精神、审美能力以及发现美、欣赏美、追求美、创造美的“求美”品格。充分利用社会文艺资源丰富校园文化生活，利用校报、广播开辟人文素质教育专栏或专题，播放、刊发人文素质教育文章；推荐阅读书目，教唱经典歌曲，引导学生欣赏高雅文学艺术作品；创办人文讲坛，努力提高学生人文素养。

通过社会实践活动教育和培养学生的务实精神、实践能力以及说实话、办实事、求实效的“求实”品格。充分利用节假日，让学生走入社会，走进企业，走向职业。

通过就业创业活动教育和培养学生的自强精神、创业能力以及自信、自立、自强、敬业的“求强”品格。广泛开展“自强之星”评选活动，大力宣传“自信、自立、自强”的优秀学生典型；组织名企校园行和学生名企行活动；举办企业班，实施定单式培养，通过加强与企业的联系并与企业联合开展活动，缩短学生进入社会的适应期，提高就业竞争力；邀请企事业单位负责人做就业创业专题报告；积极引导学生参加各类职业资格证书考试；积极组织开展大学生就业力挑战赛、创业论坛、模拟

职场、创业计划大赛等活动；组织基层校友创业报告会。

【参考文献】

1. 张德江.改革教学方法　培养创新人才[J].中国大学教育，2009，(5).
2. 宋胜菊，宫严慧.我国会计学专业本科教育培养目标研究[J].现代会计与审计，2005，(6).
3. 吴晓晴.浅论高校大学生社会实践活动[J].教育理论与实践，2005，(1).
4. 王建基.关于文科专业实践教学改革的思考[J].新疆师范大学学报，2005，(1).

浅析我国个人所得税政策的公平性问题[①]

姜雅净

作为一个重要的税种，个人所得税在组织财政收入、缩小个人之间的收入差距、调节经济活动等方面发挥着重要的作用。然而，随着我国经济的不断发展，随着纳税人情况的日益复杂，个人所得税的公平性问题逐渐凸显。

一、我国现行个人所得税政策有失公平

公平原则为税收的重要原则之一。所谓税收公平原则，是指税收政策的制定要尽量兼顾纳税人的负担能力，应尽可能使具有相同纳税能力的人税负相同，具有不同纳税能力的人税负不同。然而，我国目前的税收政策有失公平。

（一）不同类型所得的税率水平不同有失公平

目前我国个人所得税采取的是分类税制模式，不同类型所得的税率水平不同。其中，工资、薪金所得实行超额累进税率，最高边际税率为 45%；劳务报酬所得实行超额累进税率，最高边际税率为 40%；个体工商户的生产、经营所得和对企业、事业单位的承包经营、承租经营所得实行超额累进税率，最高边际税率为 35%；偶然所得、利息、股息、红利所得以及财产所得等实行 20%的比例税率。这就意味着，按目前我国的个人所得税规定，劳动收入所得的最高税率远远高于非劳动收入所得的最高税率。显然，这是有失公平的，也是不合理的。

（二）纳税人家庭负担被忽视有失公平

我国现行个人所得税是以个人为计征单位的，没有考虑每个纳税人承担的家庭负担，有失公平。例如，有的家庭人口多，有的家庭人口少；有的家庭就业成员多，有的家庭就业成员少；有的家庭所有成员的收入都高，但有的家庭只有个别人有收入且收入较低。不同的家庭，其经济负担不同，适用同样的税收政策，显然有失公平。特别是，有的家庭中有一个人或者几个人没有收入；有的家庭有需要扶养的残疾人、伤残军人、见义勇为负伤或致残者；有的家庭在特殊的阶段有特殊的必要开销，比如子女教育；等等。另外，独生子女政策导致的一些社会问题也有可能加剧一些家庭的经济窘境。尤其是未来一段时间，那些当初率先响应计划生育号召的第一代独生子女的家长渐渐步入老龄，一些社会保障不能覆盖的问题有可能

---

① 本文发表于 2012 年第 8 期《税务研究》。

导致不同的家庭面临的纳税环境迥异，尽管客观上，工资、薪金所得税的费用减除标准是以社会平均消费支出为依据，包括家庭生活支出、教育、医疗、赡养老人、抚养子女等项目的平均数额，但是，这个平均数额显然无法解决具体家庭支出的差异性问题。

(三)个人所得税按月征收有失公平

我国现行个人所得税是按月计税的，这对于全年当中不能确保每月都有收入或者每月都有不等收入的纳税人来讲显然是不公平的。例如，有的人一年中只有3个月有工作，其他9个月都处于失业状态；再比如，某人一年中的收入严重不平衡，按月计征个人所得税也会大大加重该人的税收负担和生活压力。

二、实现个人所得税公平性的政策措施

(一)改变劳动所得收入与偶然所得等非劳动所得收入个人所得税税率倒挂的现状

建议对非偶然所得等非劳动所得收入实行超额累进税率，而且边际税率不应低于对于劳动所得征收的个人所得税的边际税率。从税收的角度释放鼓励积极劳动的政策性信号，而不是鼓励非劳动所得。

(二)以家庭为个人所得税的计征单位

以家庭为个人所得税的计征单位有利于实现个人所得税的公平性。家庭范畴确定的合理与否直接影响以家庭为征收单位缴纳个人所得税的公平性。根据国际上一些国家的做法，采取以家庭为征收单位的主要有日本、美国等。笔者认为，我国可以借鉴这些国家的做法，并结合我国国情界定家庭范畴。比如，对已婚纳税人，可以夫妻共同涉及的家庭成员为准，具体包括纳税人本人、配偶、子女、赡养老人。个人所得税的计征单位可以由纳税人自己选择，一旦确定，在一段时间内(如一年)应相对固定，不得随意变更。

(三)个人所得税的费用扣除额应包括家庭成员的基本支出

目前，我国个人所得税的费用扣除标准是以全国社会平均消费支出为依据，包括家庭生活支出、教育、医疗、赡养老人、抚养子女等项目的平均数额。实行以家庭为个人所得税的计征单位后，费用扣除额应以家庭人口的平均生活支出、教育、医疗等项目的费用为依据扣除。这是一定意义上的“据实扣除”，具有一定的公平性。

(四)个人所得税按年计征，按月预缴

为了体现个人所得税的公平性，个人所得税应按年计征，按月预缴，年终汇算清缴。个人所得税旨在调节个人之间的收入差距。而在市场经济下，特别是在经济处于相对不景气的情况下，个人收入具有不稳定性，为了确保每个人、每个家庭的生活得以保障或稳定，个人所得税应按年计征，按月预缴，年终汇算清缴。虽然这可能会增加征缴者的工作量，但在一定程度上有利于社会的稳定。

新时期应用型本科院校“财务管理”课程建设初探[①]

刘锦辉　刘　莎

“财务管理”是高等院校工商管理类各专业重要的课程之一。随着我国资本市场的发展，以及经济转型下现代企业制度的不断完善，企业的财务活动呈现开放性、创新性的特征，如何提高财务管理水平，科学地制定和执行投融资决策程序，有效规避风险，已成为我国企业的重要课题。这就迫切要求我们必须在提升学生理财价值观念、使学生熟悉财务管理的主要环节以适应经济生活能力方面下大功夫；这就对高等院校经济管理类各专业“财务管理”课程的教学提出了更高、更新的要求。基于上述认识，在系统地研究应用型本科教育的特点，总结多年教学、科研与实践经验的基础上，本文提出下列见解。

一、目前“财务管理”课程教学中存在的问题

(一)教材编写和教学内容组织还没有很好地体现与时俱进的理念

目前，本科的“财务管理”课程教学已从传统的一维教学观念和教学方式中解脱出来，适时进行教学改革和创新已成为共识，但是依现有状况看其改革力度还需加大。着力方向应该为：把握本科特点，既要夯实理论内涵，又要与时俱进，填补教材内容，创新教学方法，以达到培养应用型人才的目标。“财务管理”是一门理论性与实践性都很强的管理学科，要求在教学中，既要重视理论知识的传授，又要重视理论联系实际。对这一问题大家已有共识并做出了系列改革，但本科的“财务管理”课程无论是教材还是教学模式，在与时俱进方面做得还不够，主要表现在对经济中出现的新动向，教材和教学内容都未及时跟进。例如，物流融资的兴起成为中小企业融资的趋势，而且实践中已初显其发展势头，但教材至今未将其纳入融资内容中。此外，教材中一些与我国企业实际不符合的内容仍不分主次地同等讲授，如优先股融资等内容。

(二)任课教师偏好基本理论知识的讲解，轻视实践课教学

目前，应用型本科院校“财务管理”课程的任课教师青睐于基础理论知识的讲授，往往削弱了理论高度，还达不到实践性教学的效果，可以说是游离在二者之间的一种教学，表现在对资本结构理论、股利理论等内容未作为重点内容讲授甚至将

---

① 本文发表于 2012 年 9 月《会计之友》。

其排除在教学计划之外。如果是因为教学课时所限，尚可勉强解释。但实践性教学效果不够理想却是应该切实解决的问题。实践性教学效果不佳，主要表现在课堂案例实则为例题，例题多为虚拟的公司，无企业背景、没有经济实际要素，这样的教学不能称之为案例教学，实则为“举例教学”。这种教学无法培养学生的综合能力。

(三)注入式教学方式仍占较大比重

本文将课堂上教师讲、学生听、互动少或基本没有互动定义为注入式教学。受“财务管理”课程内容多、计算题多以及课时有限等特点，大多数情况下教师讲的时间多，与学生互动、讨论的少，即使有些简单的交流以及多媒体课件弥补，但课堂上实际上体现的是变相的注入式教学，其授课效果如果局限于理解问题和应付考试，可能学生并不反对甚至满意。但从长远发展和“后劲”上却相当欠缺，长此以往会走入一种脱离实际的知识结构。

二、《财务管理》教材应调增的内容

针对上述问题，首先要对教材内容做出调整。现在各个版本的《财务管理》教材大多还沿袭多年以来的编写主框架，即：财务管理目标—货币时间价值—筹资方式—资本成本和资本结构—对内(项目)投资决策—对外(证券)投资—营运资本管理—利润和利润分配管理—财务分析。由于多数本科类院校教学计划为3学分51个课时，因而这个框架的全部内容在教学计划内无法完成，且对外证券投资和财务分析在财会、金融、财政等专业中均单独开设课程，这两块内容均使用独立教材单独讲授。

《财务管理》教材应调增的内容应为近年来新兴起的筹资、投资方式，如发行分离交易可转换债券融资、物流融资以及基金投资等。

分离交易可转债是一种附认股权证的公司债，可分离为纯债和认股权证两部分，赋予了上市公司一次发行、两次融资的机会。分离交易债与普通可转债的本质区别在于债券与期权可分离交易，分离可转债不设重设和赎回条款，有利于发挥发行公司通过业绩增长来促成转股的正面作用，避免了普通可转债发行人往往不是通过提高公司经营业绩，而是以不断向下修正转股价或强制赎回方式促成转股而带给投资人的损害。这一新的筹资品种给筹资者与投资者都带来了益处，特别是分离交易可转债衍生出的认股权证在市场上引起很大的轰动效应。

发行分离式可转债并附认购权证上市的都是些著名的上市公司，如马钢股份、钢钒股份、中石化、云天化、武钢股份、深高速、日照港、赣粤高速、中信国安、中远航运、上港集团等。分离交易可转债的优点在于：第一，投资者可以获得还本付息，由此给发行公司的经营能力提出了较高要求；第二，当认股权证行使价格低于正股市价时，投资者可通过转股或转让权证在二级市场上套利，而无须担心发行人在股票市价升高时强制赎回权证；第三，当认股权证行使价格高于正股市价时，投资者可选择放弃行使权证，而权证往往是发行人无偿赠予的。

物流融资，是指企业处于正常贸易流转状态的产品向银行质押作为授信条件，借助物流信息管理系统，获得融资的综合服务业务。从信贷角度，物流金融则是商业银行以市场畅销、价格稳定、流通性强且符合质押物品要求的商品质押作为授信条件，运用物流商的物流信息管理系统，将商业银行的资金流与物流商的物流有机结合，向客户提供集融资、结算等多项服务于一体的综合服务业务。从这个定义中可以直观地看出，物流银行不是传统意义上的、单纯的金融服务抑或物流服务，而是将两者有机结合的一项综合服务。物流银行以商业银行与物流商两个支点为商贸企业架起了资金融通的桥梁。现代物流的发达程度已成为衡量一个国家现代化程度和综合国力的重要标志之一。从2003年下半年开始，随着国家一系列宏观调控措施的相继实施，企业的融资环境再次发生较大的变化，这些政策使相关产业整个产、供、销链的资金面紧张，加大了企业的资金困难。同时，由于投资渠道多元化及利率市场化的进程加快，银行资金成本增加，带来企业融资成本的增加，影响了企业生产与销售，导致库存的不断增加。如何在新形势下解决企业的融资问题，推动企业更快发展，已经成为企业、金融机构和政府共同关注的热点问题。深圳发展银行、广东发展银行等国内商业银行相继推出物流银行业务品种，有效解决企业融资与发展难题。物流银行业务通过商业银行、生产企业以及多家经销商的资金流、物流、信息流的互补，突破了传统的地域限制，使厂家、经销商、下游用户和银行之间的资金流、物流与信息流在封闭流程中运作，迅速提高销售效率，降低经营成本，达到多方共赢的目的。

以上所列举的两大创新筹资方式以及基金投资等新型的投资方式迫切需要增加进《财务管理》教材中，以使教学内容紧密结合经济形势的发展，为新形势下的人才知识结构奠定扎实的基础。

三、改进课堂教学方法的几点措施

在教材增添内容的同时，课堂教学改革务必与之并驾齐驱。

(一)课内实践要融入真正的案例教学内容，而非“举例教学”

案例教学不是举例教学，现行教材中的举例多为虚拟公司、虚拟事件，几乎是前后割裂，不成体系。案例教学则相反，是真实的企业背景和真实的财务事件。对财务事件的计算分析、同行业数据比较都是经济生活中的真实数据，结论启示要独到并紧扣课程内容。可能有些教师提出质疑，即是否案例内容介入过多冲淡主题或者课时不够等问题。笔者经过教学实践得出的经验是：这样的案例一定要在课前一至两周布置，为学生划分小组(小组最好以寝室为单位)；小组活动方式为，组员自己准备与小组讨论结合的方式。其方式可概括为：组员各自做“功课”，小组课前集中准备。至于是否会冲淡上课的主题，这全凭教师的精心设计与案例课的实施了。

(二)推进引导式案例教学法

何谓推进引导式案例教学法？本文认为：教师以案例导入式方法教学和学生以创新思维主动参与教学的结合体，可将其定义为引导式案例教学法。

第一，案例导入式教学的实施。每章理论内容要有一个经典案例导入教学。例如，可用一家上市公司的项目投资报告告诉学生实践情况，进入真实环境，以此使学生产生对企业项目投资决策计算的形象感和乐趣。例如，项目投资管理涉及的项目计算期、建设期投资、垫支的流动资金等内容，但凭几个无经济背景、无真实性公司的举例是难以让学生了解其真实的经济内容实质的。笔者认为，我们摸索出并采用的案例导入教学方法，可达到事半功倍的效果。现以笔者在上述内容教学中使用的一个案例做说明。

案例导入教学中，首先安排学生课前阅读一家公司的项目投资可行性报告。该投资可行性报告的全称为：广东金刚玻璃科技股份有限公司吴江投资项目可行性报告，报告中项目内容：(1)建设环保节能型玻璃产品 120 万平方米特种玻璃生产线；(2)建设年产 8MW 太阳能 BTPV 组件生产线。现将该可行性报告中的生产设备方案摘录如下：

“……

3.5　生产设备方案

主要生产设备一览表(一)

安防玻璃生产线主要生产设备清单　　单位：万元

序号	设备名称	明细	数量	币种	单价	总价格	折人民币
1	切割机	整线自动	2	欧元	20	40	340
2	磨边线	双边磨边机	4	欧元	18	72	612
3	钢化线	PLOW-E 钢化线	2	欧元	170	340	2 890
4	中空线	自动线	1	欧元	130	130	1 105
以下略	…	…	…	…	…	…	…

……(以下略)

3.7　土建工程方案

土地购置费(80 亩)1 536 万元。

厂房建设费用：生产车间地面基础应能承受重载，主设备安装区及辅助设备安装区应配置设备工艺需要的上、下水管道等。总建筑厂房等约51 776.4平方米以及配套工程投资费用为4 080万元。

……(以下略)”

教学实践显示学生对此报告内容兴趣很高，相比单纯讲书本中无任何公司与市场背景的例题效果更好。学生通过案例阅读研讨，对课上讲授的“投资回收期”

“建设期投资”“垫支流动资金”等内容有了更形象的理解，而不再是仅仅几个“经济词组”那样“飘渺”。

第二，学生以创新思维主动参与教学的组织。每章理论教学前，要将案例原文下发各个小组并拟定作业的具体完成要求。既安排小组成员各自的完成内容，也安排小组集体完成的内容。同时，教师还应召集小组长课前会议，督促并指导课前案例学习情况。上课时至少抽出一段时间实施课堂讨论，并鼓励、引导学生争相发表见解，形成为什么这样做、怎样做的大讨论。下面是笔者教学实践中，在讲授应收账款管理时布置的小组作业的节选。

小组作业举例：

小组作业

请认真阅读《天津红日药业股份有限公司2010年年度报告》并自学《财务管理学》教材第十一章有关财务指标计算的相关内容，请根据要求与提示完成下列作业。

要求一：在年报中找到相关数据，据以计算填列下表并按要求做出分析。

表1　　2010年红日药业公司资产负债表

（流动资产部分）

单位：万元

资　产	2010年年末	2009年年末	占总资产比例	同比变动
货币资金				
应收票据				
应收账款				
预付账款				
存货				
流动资产合计				
固定资产				
在建工程				
递延所得税资产				
长期资产合计				
资产总计				

分析：公司应收账款的变动原因是什么？公司的信用政策与条件有哪些？公司存货变动的原因是什么？

要求二：依据下列资料，对客户红日药业股份有限公司做出信用评价。

1. 资料：沪深两市15家制药公司2010年相关财务指标

表 2　　沪深两市 15 家制药公司 2010 年相关财务指标

公司名称	流动比率	速动比率	销售现金比率	产权比率	利息保证倍数	应收账款周转率	存货周转率	净资产收益率(%)
三精制药	1.37	1.04	0.03	1.16	48.7	13.09	3.38	20.97
紫鑫药业	2.16	1.19	0.05	0.61	7.75	4.84	2.85	10.88
昆明制药	1.7	1.13	0.05	0.81	16.6	7.74	4.08	11.64
云南白药	2.1	1.2	0.04	0.73	—	28.94	3.2	20.98
通化东宝	4.32	3.21	1.38	0.1	9.82	2.02	1.36	10.49
恒瑞医药	7.46	7.02	0.1	0.12	—	3.71	3.43	21.38
片仔癀	2.90	1.54	0.24	0.35	37.76	7.15	1.59	18.50
三普药业	1.1	0.95	0.001	4.59	3.35	3.88	7.96	20.37
桂林三金	8.73	8.23	0.29	0.1	—	20.86	3.76	12.44
海南海药	0.99	0.57	0.08	1.35	3.24	4.8	1.68	7.73
双鹭药业	20.56	19.76	0.52	0.03	—	3.6	3.96	22.9
白云山	0.88	0.46	0.1	1.71	5.92	16.27	3.59	18.5
哈药股份	1.65	1.16	0.09	0.80	—	7.72	4.21	17.36
新和成	4.54	3.64	0.38	0.27	20.27	5.09	2.17	22.75
吉林敖东	2.86	2.55	0.16	0.09	—	7.34	2.06	17.24

注：此表为教师搜集资料并计算设计而成。

表 3　　客户对红日药业股份有限公司的信用评价

项　目	2010 年红日药业指标值	信用好的企业一般指标值	信用差的企业一般指标值	拒付风险系数
流动比率				
速动比率				
销售现金比率				
产权比率				
利息保障倍数				
应收账款周转率				
存货周转率				
净资产报酬率				
累计拒付风险系数	—	—	—	

这样的案例教学，教师督促学生根据给出的资料做出计算与分析，通过动手参与加深对企业应收账款管理内容的理解，案例可能不会与企业实务完全吻合，但方法类同，比脱离具体业务的理论学习更有效果。

教学实践证明这样的导入式案例教学效果较好，表现为改变了单纯理论知识的灌输，忽略理论与实践相结合的问题；注重了课程内容的实用性；改变了单一的课堂教学，如过分看中重课本知识，轻应用能力与社会需要的实践应用型人才不相吻合的现状。

【参考文献】

1. 吴永立，李素英等.对财务管理实践教学的思考[J].财会研究，2006，(5).
2. 于玉林.开设《高级会计》实验的探讨[J].会计之友，2007，(9).
3. 刘淑莲.关于财务管理专业课程构建与实施的几个问题[J].会计研究，2005，(12).
4. 刘锦辉.商业银行开发物流金融业务的若干思考[J].浙江金融，2008，(9).
5. 刘锦辉，任海峙.财务管理学(第二版)[M].上海：上海财经大学出版社，2010.

大学生学业困难的成因分析与预警方法①

李　红

当前，高校中的学业困难学生已引起教育界人士的普遍关注。本文通过对目前大学生中存在学业困难的学生群体的初步分析认为，学生中之所以出现较大范围的迟到、旷课、痴迷上网和部分打架斗殴等问题，一是因为学生的预期与大学的办学条件以及教学管理水平不符，从而导致学生信心丧失、无心向学；二是地域文化差异形成的气质与性格导致学生产生攀比心理；三是东西部地区经济发展差异导致家庭经济困难学生极度自卑或心理失衡；四是人生目标迷茫、家庭情感缺失和校园文化活动贫瘠导致学生对网络产生依恋。因此，加强对学业困难学生的教育管理，密切与问题学生家长的沟通与联络，不断丰富校园文化，帮助他们重新树立对生活的热情和信心，是目前大学学生工作的当务之急。

一、学业困难学生学业预警研究对提高大学学生管理工作的意义

（1）学业困难学生群体是高校工作的难点，同时也是学生工作的重点。如何识别他们、看待他们、帮扶他们是摆在每一位高校教育工作者面前的重要课题。

（2）准确揭示特殊群体学生行为的表象特征，提供快速、便捷的判断标准，进而挖掘深层原因，为帮扶学业困难的学生提供操作性较强的预警方案。

（3）为解决高校特殊群体学生问题提供客观依据，对创建和谐校园、促进学生健康成长具有重要意义。

二、学业困难学生学业预警的研究方法

本研究采用观察法与文献法相结合的方式进行。观察法主要用来对学业困难学生进行系统的观察，做出准确、详尽的记录，以便全面掌握研究对象的具体情况。文献法主要通过阅读有关方面的调查资料和文献来进一步把握研究对象的特点，从理论层面对学业困难学生的行为表征进行科学、合理的归纳解释，并据此制定相应的预警方案。

---

①　本文发表于 2012 年第 2 期《商业经济》。

三、大学生学业困难的成因分析

（一）大学生自身的主观原因

大学生在中学阶段将高考作为学习动力，进入大学后，大学宽松的学习环境使得有些学生错误地认为大学很好混，致使很多学生没有及时调整并树立新的奋斗目标，出现阶段性目标严重缺失的现象。一些大学生都是独生子女，在父母的呵护下长大，缺乏自我管理能力，在由中学阶段普遍接受的灌输式教育加刚性管理的教育模式向大学自主学习模式过渡的过程中，不知道如何规划自己的学习生活。大学生在人才济济的大学新集体中如果不能顺利地度过环境适应阶段，就会出现各种各样的问题。以往高中阶段的优秀生，进入大学校园后来到强手如林的新环境，很长时间不能调整好心态，尤其是在经过几次不理想的考试之后就会一蹶不振；有的学生不能很好地适应集体生活，面对来自不同地区生活习惯的同学在人际交往方面产生各种矛盾，从而引发不良情绪，对学习造成了影响；还有的学生由于对所报专业不甚了解，在进入大学的学习阶段后逐渐对专业缺乏兴趣，造成学习丧失主动性。

（二）大学生外在环境的客观原因

大学生外在环境包括学生家庭、学校、社会等多个方面。就家庭环境而言，学生的成长环境、父母对子女发展的观点和认识等都对大学生有着至关重要的影响。父母对孩子过多的期望和监管会让大学生失去自主意识的空间，甚至导致大学生不堪父母沉重的希望而产生学习倦怠的心理。就学校环境而言，班级中的风气与氛围对大学生行为的促进作用很大，尤其是宿舍中的学习风气对每一位学生的学习情绪有很大的影响作用。学风好的集体出现学业困难学生的情况较少，而在消极、缺乏勤奋精神的环境中，不良学习情绪会相互影响与蔓延。除此之外，部分任课教师的教学方式单一、课堂氛围枯燥、理论与实践相脱节等现象也会引起大学生自主意识的削弱和学习兴趣的减退。就社会环境而言，我国地区经济发展的不平衡导致教育水平差异很大。来自边远地区、经济欠发达地区的学生学习基础较薄弱。尽管他们努力学习，但很难提高成绩，造成较大的心理负担，经过几次考试失败后逐渐失去学习的积极性和主动性，有的则因心理上极度自卑而产生了厌学情绪。

四、学业困难学生学业预警的方法

本课题组通过对逃课族学生，脾气暴躁、易冲动型学生，网瘾学生和贫困学生四类特殊群体学生行为特点的观察、分析和研究，以期揭示背后的真正原因，并在此基础上提出现实可行的预警方案，旨在为发现学生潜在的不良行为倾向提供较为科学的判断标准，以尽可能做到防患于未然，帮助广大学生工作者对特殊群体学生行为的成因有更清晰的认识，从而为制定现实可行的预警方案提供参考。

（一）逃课族学生

1. 行为特征

一类是自修族，习惯在图书馆、自修室或宿舍自修；另一类是厌学族，在网吧上网、游玩或睡觉。

2. 行为根源分析

自修族学生认为老师讲得枯燥乏味或者知识都过时了，听不听一个样。他们往往是一些性格内向的同学，不善于和老师交流，所以选择自己学。厌学族学生则与老师上课质量无关，只因自己养成了懒散、贪玩的坏习惯，这类学生通常组织纪律观念淡薄，自控能力差，我行我素。

3. 行为预警

对自修族学生应注重引导其改变孤僻内向的性格，多与任课老师和同学沟通，取长补短，共同进步；如果对老师授课不满，可以与老师进行交流，提出自己的建议，还可向学校有关部门提出意见，采用适当的方式解决问题。对厌学族学生则要从根除其懒散、贪玩的坏习惯着手，帮助其明确学习目的，端正学习态度，增强组织纪律观念，自觉养成良好的学习习惯。加强入学教育阶段的校纪校规教育，从一开始便抓好学生的养成教育工作，帮助学生养成良好的学习习惯；引导自修族学生正确处理好理想与现实的矛盾。对纪律观念差的同学要重点关注，帮助其解决实际问题和困难，并将其现实情况及时通报家长。

（二）脾气暴躁、易冲动型学生

1. 群体表征

情绪波动较大，动辄易怒；做事常常不计后果，易感情用事，常有暴力倾向；人际关系一般比较紧张；事后虽有后悔，但“虚心接受，坚决不改”。

2. 行为根源

与个人胆汁质的气质类型有关；与父母不和、与家庭关系紧张等不良家庭环境有关；个人自控能力不足。

3. 行为预警

通过新生心理普测，掌握相关学生信息；经常找这类学生谈话，了解其思想状况，不断给以敲打；及时发现学生的不良行为倾向，尽量将其不良情绪控制在萌芽状态；以反面典型事例加以引导和教育，引起学生在思想上的高度重视；加强学生的情绪自控能力训练，教会他们一些应急处理方法（如离开现场等）；了解其最佩服的亲戚朋友，以备突发事件时沟通联络并协助处理。

（三）网瘾学生

1. 群体表征

痴迷于网络游戏、色情图片浏览而无法自拔；通宵达旦地沉溺于网络之中，常常夜不归宿，甚至为之逃课；对学习丧失了热情和兴趣；隔绝网络后，易出现暴躁不安等成瘾反应。

2. 行为根源

人生目标缺失;家庭情感缺失;学校管理缺位;自控能力不足。

3. 行为预警

加强学生的职业规划教育,帮助学生重树人生目标,明确努力方向;引导家长多与孩子沟通,给予孩子更多的情感关注;丰富校园文化生活,弘扬健康向上的休闲娱乐方式;加强正面行为强化,对成瘾学生的积极转变及时予以肯定和鼓励;严格课堂考勤,及时给予违纪处理,把网络成瘾学生拉回课堂;加强心理辅导,必要时可由专业人员进行心理治疗。

(四)贫困学生

1. 行为表征

一种表现为生活节俭,衣着朴素;另一种表现为生活、衣着均超出个人消费能力。前者性格内向,不爱与同学特别是家境富裕的同学交往;后者性格外显,好面子。

2. 行为根源

前者由于家庭经济压力较大,衣着简朴,自卑感较强,容易缺乏自信;后者虽同样面临家庭经济压力,但因强烈的虚荣心作祟或极度自卑导致心态失衡,行为失范。

3. 行为预警

积极宣传国家的帮困体系,用国家助学贷款真正解决经济困难学生的学费问题;积极为贫困学生提供勤工俭学岗位,解决学生的基本生活问题;加大各类奖助学金政策的宣传,引导学生通过自身努力缓解经济压力;加强正面引导,杜绝不良消费行为,加强诚信教育、励志教育和感恩教育,帮助贫困学生树立自强不息的观念;鼓励贫困学生积极参与社交和志愿者活动,培养其乐观开朗的个性,增强自信心。

【参考文献】

1. 王自华,张保敬,施媛,刘丽,吴丽平.大学生学业困难预警机制初探[J].河北工业大学学报(社会科学版),2009,(3).

2. 蔡良华.关于构建学业困难大学生心理援助体系的思考[J].教育研究与实验,2012,(8).

3. 任娃.学业困难大学生的形成原因与教育对策分析[J].吉林省教育学院学报,2010,(11).

教学型高校内涵建设的“主线条”和两个“凝炼点”[①]

——以会计专业为例

宋本强

一、内涵建设的主线条:提高专业教学水平

“内涵”相对于“外表”而言,是指一个主体内在性的东西。从字面看,一所高校的内涵可理解为这所学校内在的实力和水平;从教育管理的初衷看,内涵建设是指学校教育质量体系建设,是一项质量工程;如果根据教育质量工程所包含的内容更加全面地看,高校内涵建设是指除高校外表设施以外的、与高校教育质量密切相关的校内所有方面的建设,相当于高校的“软实力”建设,它应该包括高校的专业学科建设、师资队伍建设、教学科研实施、教学科研管理、师德校风建设、校园文化建设等诸多方面。因此,高校内涵建设是一项内容丰富、涉及面广、要求很高、目标深远,事关高校教育质量和内在实力全面提升的综合性工程,是我国高校当前及今后一个时段所面临的一项艰巨任务。

改革开放三十多年来,我国教育发展得很快,特别是高等教育,就高校的数量和规模而言,都已经达到了空前的水平。但是,时至今日,社会对高等教育已不满足于对数量和规模的要求,而开始注重对质量的要求。如今人们评价高校,已不单单看它的规模和外表,而更注重看它的内涵。人们意识到,与规模和外表相比,内涵更能代表高校的真正实力。高校重在实力,有实力才能为社会培养出更优秀的人才。应该承认,我国高校这些年确实存在一些浮躁问题,如“重规模轻质量”“重外表轻内涵”等。这些问题的存在客观上阻碍了高校实力的提升,影响了高等教育的发展。高校承担的是人才历史重任。高校唯有自己真正具备实力,才能培养出真正具备实力的人才,才能完成好历史赋予的重任。面对现代化人才的需求,我国高校确实到了需要提升自身内涵和内在实力的时候了。

如今一些省市掀起了高校内涵建设的热潮。从政府部门到各类院校,都在强调内涵建设,都在进行内涵建设,并在内涵建设方面投入了大量人力和财力,这些都是值得肯定的。然而更为重要的是,在“热”的同时我们要看到,恰恰因为是内涵建设,所以任务的艰巨不同往常,需要在思考时特别讲求“深度”,在部署时特别讲

---

① 本文发表于2012年10月《金融高教研究》。

求“精度”，在落实时特别讲求“强度”，在结果上特别需要实效。高校要做到这些“特别”，完成好内涵建设的艰巨任务，就要根据教育部门的总体要求，以高度的责任心和务实精神来落实内涵建设，多在学校的内在质量上下功夫，以“深得进去”和“沉得到底”之意志和决心，尽可能使工作部署得当，尽可能使资源配置合理和任务落实到位，尽可能多出实实在在的效果。内涵建设是学校工作的重要推手，学校可借此推动事业的快速发展，促进实力的明显提升。

对教学型高校来说，教学是本行，也是学校一贯的中心工作，学校内涵建设应该紧紧围绕教学这个本行来展开。在教学型高校的内涵建设中，二级院（系）是必不可少的重要环节，教师具有基础性的“临床”作用。每个教师的教学都关系到所在二级院（系）的内涵建设，而每个二级院（系）的内涵建设又都影响着学校整体的内涵建设。在内涵建设中，学校应该高度重视二级院（系）的“环节”作用和广大教师的“临床”作用，更多地关注和指导二级院（系）的内涵建设，使二级院（系）的项目布局和资源配置更趋合理；同时完善配套机制，落实有关奖励措施，保证内涵建设的“临床”到位，保证让学生能享受内涵建设带来的实际效果，保证内涵建设目标的真正实现。

凡是搞教育的人都知道，提高专业教学水平涉及很多因素，但是首要的一条是教师的课堂教学效果。课堂教学效果虽然不完全等同于教学水平和质量，但只要把课堂教学抓好了，教学质量也就八九不离十了，教学水平也肯定差不了，因为这是对学生影响最直接，也是最能反映教学水平和质量的环节；反过来如果课堂教学效果不好，其他方面做得再好，也难免有“花架子”之嫌，教学难有实质水平和质量可言。因此，课堂教学效果是体现教学水平和质量的“大头”，是我们的一个关注点，用内涵建设的话说它就是一个“凝炼点”。二级院（系）应该着力对这个“凝炼点”进行凝炼，以期达到提高教学水平和质量的目的。

二级院（系）应该站在更高的站点上，用更宽的视野来全面思考和规划自己的内涵建设，重点抓住教学项目，合理安排配套项目，但要避免平行推进和漫无重心。因为平行推进只会带来“胡椒面”结果，而漫无重心也有失内涵建设的目标初衷。要想真正使内涵建设取得好的效果，在全面思考布局的同时，二级院（系）必须用更深的思考和更精准的眼光来挖掘和寻找那些类似上述“课堂教学”的“凝炼点”和“主线条”，以这些“凝炼点”和“主线条”来形成内涵建设的主推思路，并以这些“凝炼点”和“主线条”的推动作用带动内涵建设的全面开展，将内涵建设有点、有线、有面、有序、扎实有效地向前推进。而提高本专业教学水平正是这里所说的“主线条”——二级院（系）内涵建设的基本内容。

二、内涵建设凝炼点之一：专业知识特点分析

熟练掌握专业知识是教师搞好教学的必要条件，但不是充分条件。教师要想搞好教学，不仅仅要熟练掌握专业知识，还要善于对这些知识特点进行解剖和分

析，这是影响教师教学水平和能力的凝炼点之一。以下就这个凝炼点，结合会计专业的知识内容给出三点分析。

（一）会计方法的系统性和规律性

会计有很多方法。比如成本计算方法，名称就有品种法、分批法、分步法；变动成本法、吸收成本法；标准成本法、实际成本法；多动因成本法、单动因成本法等近十种。这些方法名称各异，令人眼花缭乱，再加上这些方法本身的烦琐过程和其中涉及的诸多概念，学生在学习过程中就更觉得乱。但是就本质而言，这些方法无非是在“成本内容的构成”“成本对象的设计”“成本标准的选用”和“间接成本的分配”这几个环节上进行变化，每一种变化决定着一种方法。只要看清了这一点，就不会觉得乱。学生之所以觉得乱，就是因为看不到这一点。

这里的“这一点”是什么呢？实际就是这些会计方法的系统性和规律性。什么是系统性和规律性呢？概括起来说是这些方法的总体结构和相互关系。不过这样说仍过于抽象，不便于理解。不妨接着刚才说的“环节”再深入下去。如果用不同的“层面”来形容成本计算方法赖以变化的环节，那么不同的成本计算方法就被放在了各个层面，哪些方法在同一层面、哪些方法在不同层面，看得清清楚楚，一目了然，至少不同层面的方法不会混在一起。另外，用一棵倒挂的“树”也可以形象比喻，从总枝到分枝一层一层延伸，不同的分枝总也搞不到一起去，所有的成本计算方法恰属同一棵树上的各个分枝，其中哪些是同分枝、哪些是不同分枝，也看得非常明白。

经过这一番分析之后，我们已经看清了这些不同方法的总体结构和相互关系。再要做的就是在相同层面再寻找不同方法的不同之处。如此一层一层往里寻找，直至把所有方法的不同之处和相同之处都搞清楚了，这些方法也就彻底清楚了。这样的一个完整过程，是一个“层层剥”和“层层看”的过程，路径是非常清晰的。从更一般的意义上去看，这个过程不仅让我们看清了被研究对象的结构性，循到了它们的规律性，用医生的话说就是摸到了它们的“脉搏”，更让我们感悟到了一种分析问题和解决问题的思路方法，其间的含义是耐人寻味的。

（二）会计过程的仿真性和连贯性

会计在实际运行中，离不开各种信息载体，比如会计凭证、会计账簿和会计报表等。这些信息载体都是看得见、摸得着的书面文件。这些书面文件能反映会计运行的真实过程，这是会计过程的仿真性特点。这意味着教师在教学过程中，可以用这些书面文件进行仿真演示和模拟操作，从视觉上增强学生的感受，加深学生的印象，以求取得好的教学效果。如今很多院校不管是开设会计实训课程，还是在课堂教学中强调会计实训比重，都是缘于这个原因；各软件公司不断推出会计实训软件，也正是利用这个特点。应该承认，与纯理论讲解相比，仿真也好，实训也好，效果就是不同寻常。这一点是我们必须要看到的。

还是从会计运行看，一家企业从经济活动发生开始，经历会计凭证的形成、账簿的登记、报表的编制直至对外报告的形成，整个过程非常连贯。而企业的规划、预测、决策、控制、分析等经济活动，也都镶入其中，显得很有规律。这种过程的连贯和运行的规律对会计课程体系乃至整个会计学科的形成都有直接的影响，使得会计课程体系也显得非常连贯和很有规律。比如，基础会计、中级财务会计、高级财务会计就是一个连贯整体；再比如，成本会计、管理会计等，它们也都和企业的规划、预测、决策、控制、分析等经济活动一一对应，非常成型。就是从课程的内容编排来看，也都是一章紧扣一章，互相缺一不可。这种连贯性和相互关联性，是会计专业知识板块的“有机链条”。掌握了这些“有机链条”，暂且不说别的，仅教师讲课的灵活度和驾驭能力就会大大提高，所以，这在教学中是很值得看重的。

（三）分析专业知识特点的原因

再回到问题的原点，为什么要分析知识特点。目的还是为了提高课堂教学水平。课堂教学讲求“融”，即教师在课堂上要融自己、融知识、融学生。什么又是“融”呢？这里可以解释为融通、融合。如果教师能把一切都“融”了，那就表明他把自己和知识、学生都融为一体了，不但是自己和学生融在其中，而且知识融会贯通，气氛其乐融融。课堂“融”到此程度，效果不好都不行。而对知识特点进行分析和了解，正是课堂教学“融”之必须。说得再直接一点，学生理想中的课堂教学是教师的口若悬河、如数家珍和横贯自如。课堂教学也应该能由浅入深、深入浅出、循循善诱和渐行渐清。如果不对知识特点了如指掌，很难想象一个教师能表现出这样的水平。

看得再宽一点，学生受教育的质量，除了和教师的教学水平直接相关以外，还和学校的人才目标定位、专业学科布局、课程体系设置、教学大纲计划以及教学实施管理等因素密切相关。然而，所有这些关系到学生受教育质量的重要因素都离不开教育主办方对专业功能、课程结构以及专业知识特点的熟知和了解。无论是教学科研型还是教学型高校，这些都是必须要做到的。特别是对新升本或“发展中”的教学型高校而言，由于缺少老牌高校多年积累的“底蕴”，在专业学科布局和课程体系设置方面要更讲究合理，在教学管理方面要更注重质量，在有关教学质量的一些基本方面更需要下功夫。如此这般说来，分析和掌握专业知识特点的意义就更可见一斑了。

需要说明的是，以上只是结合会计专业所做的分析，虽不失一般意义，但其他专业在分析时还需要考虑各自的情况。从一般意义上讲，对知识特点进行分析，对教师专业功底的加固和对教学水平的提高都大有好处，同时也可以反映教师的观察、分析、归纳、总结以及拓展延伸和深度挖掘等多方面的能力，是很有内涵值得凝炼的。还需要指出的是，对专业知识特点进行分析是一件非常乏味的事情，特别是对多年从事本专业教学的教师来说更是如此，这相当于对本专业知识的“多次重复消化”，枯燥不言而喻，而且就此所做的工作往往是默默无闻、无人知晓的，对此学校在关注和提炼方面也有一定的难度。然而正因为是默默无闻和无人知晓，而又确实关系到学校内在功力的提升，所以更值得关注和凝炼。

三、内涵建设凝炼点之二：课堂表达的把握

现在研究教学方法的人很多。就拿会计专业来说，如果把公开发表的教改论文和举办的教改研讨会都算上，全国每年研究教学方法的人数可以达到成千上万。从被研究到的教学方法来看，名称上虽然时有变化，但都不外乎是案例法、实践法、理论法等。那么多人研究教学方法，无非是为了改善教学效果。但那么多人是否真能研究出那么多种教学方法？回答显然是否定的。既然如此，是否可以换一个角度来考虑问题，比如变“对教学方法的研究”为“对教学环节的研究”，这样不同样可以达到改善教学效果的目的？回答是肯定的。下面就从“对课堂表达的把握”这个角度出发，围绕改善教学效果谈两点认识。

（一）关键是启发

从以往的事实看，大凡教学水平高的教师都有相同之处，那就是课堂表达把握得好，都能受到学生的喜爱。人们常说“某某教师课上得好”“某某教师讲课有激情”“某某教师上课能吸引学生”等，其实都反映了“教师讲课时能启发学生，课堂表达把握得好”的基本事实。不仅事实如此，教育理论也十分看重课堂表达的把握，其重要性和一般方法在师范类教科书中都有论述，都能找到明确答案。在这里再重复和详述这些教科书理论实属不必，然而我们从这些教科书理论和上述的以往事实可以看出，教师对课堂表达的把握直接影响着课堂教学效果，确实是非常重要的。

既然知道对课堂表达的把握非常重要，自然就会想到如何去把握的问题。刚才已经提到，这里不再重复教科书上的内容。这里针对课堂把握只强调两个字，那就是“启发”，即课堂表达都要围绕“启发”来做文章，不管怎么表达，能启发学生就是好的表达。为什么只强调“启发”，并不是说教科书上的那些方法或者我们经常讨论的“案例法”等方法不重要，而是因为这些方法的作用都必须通过课堂表达这个环节才能体现，而课堂表达又恰恰离不开“启发”。从“启发”的字面来看，其含义可解释为主体对客体的触发或激发，使客体发生某种明显的变化。在课堂表达这个环节上，“启发”就是教师用各种方法和手段来激发学生的“灵感”，促使学生发生“从不懂到听懂”的明显变化。显然这种“明显变化”对学生来说是至关重要的，而它又来自于课堂上的“启发”。因此，这里特别强调“启发”。

如果再进一步看“启发”的作用，它可以比喻为开关电路中的“触发器”和课堂上的“开门钥匙”，对学生起着“一触就灵”和“一开就通”的关键作用。也可以这样说，教师的课堂效果好不好，就看学生懂不懂；学生在课堂上懂不懂，就看学生受不受“启发”。从某种意义上说，教师善不善于启发学生，是教师在课堂上能不能抓住学生的“看家本领”，有些教师讲课不容易被学生认可就是因为不善于启发学生。所以，教师在课堂表达时一定要注意找到“触发器”和“钥匙”，不失时机地用“触发

器”来启发学生的灵感,用“钥匙”来开通知识的大门。一旦学生的灵感受到启发,学习兴趣就会紧随而来,知识理解就会畅通无阻,学习效率就会明显提高,课堂效果就会显现出来。

当然,在课堂教学中具体如何启发学生是一门艺术,非三言两语所能讲清。总的一条就是教师想方设法使学生对知识产生感悟,并使知识内容变得通俗易懂,容易被学生接受。启发学生的办法多种多样,常用的有日常事例、典型案例、情景提示、形象比喻、同类比照、深度阐述和重点分析等。这些方法都可供教师在教学中选择使用,都能起到“启发”学生的作用。比如前面提到的“层”或“树”,就是用形象比喻的办法来启发学生,帮助学生理解不同成本计算方法和计算过程的一个例子。至于在平常的教学中,教师具体用什么办法、什么节点用、怎么用,这些都没有固定的模式可以参照,而要看具体的教学内容,更有赖于教师的经验和临场把握。由于篇幅所限,这里不再展开。

(二)个性化表达

我们经常听到的评教意见是“照本宣科”。坦率地讲,在被提意见的教师当中,有些教师可能是真的“照本宣科”,那是由于自身原因造成的。但有些教师是冤枉的,他们的教学本是按照教材指定的内容中规中矩地进行的,没有错,但讲课缺乏经验,不合学生的“口味”,所以被学生说成是“照本宣科”。在学生评价教师方面我们还发现另外一种情况,个别教师讲课时海阔天空、漫无边际,纯粹是“乱吹牛”。对这种情况学生也是强烈反对的。学生先是“用脚投票”,然后是众人投诉,最后是强烈要求撤换教师。从这些事例可以看出,教师在教学上确实面临两难的矛盾,既不能“照本宣科”,也不能脱离教材。

怎么解决这个两难矛盾?要回答这个问题,还需要对“被照本宣科”和“被强烈反对”做进一步的分析,然后找出原因,才能给出答案。其实这里涉及一个问题,即正要讨论的个性化表达问题。上述两种情况其实都是因为教师没有解决好个性化表达问题所造成的。比如“被照本宣科”,是因为教师对知识缺乏个人的分析和解读,学生感觉和书上一样,对教师的讲课不满意,所以认为是“照本宣科”;再比如“被强烈反对”,是因为教师自认为追求“个性化”,实际上是太离谱,上课不负责任,所以被学生强烈反对。学生希望的是既能按教材内容教学,又有教师个人解读,能给他们带来“新意”的表达方式,简言之,就是教师“既负责任又有个性”的表达。如果教师都能按这种方式表达,那么就不会出现上述两种情况,两难的矛盾也就迎刃而解了。

说到这里大家不免会问,究竟什么是个性化表达。关于这个问题,还真没有标准答案,笔者只能根据自己的经验和理解给出一个表述。个性化表达是指教师在对知识讲解时所表现出来的个人特殊性。这种特殊性包含教师个人对知识的分析和解读,还包含教师个人的能力水平、气质风度、意志品质、性格特征和内涵修养。做一个不恰当的比喻,如果说知识是原产品,个性化表达就是“附加值”。这个“附加值”所包含的一切，就是上面表述的这些东西。再用现在的时髦词来概括，个性化表达是教师个人的“气场”。“气场”是看不见、摸不着的，但确实是存在的，也是能感觉得到的。“附加值”也好，“气场”也罢，都显示出个性化表达的重要性，对学生的眼前乃至今后都能产生影响，甚至是一生的影响。

不少人以为，教师所教的课程往往是固定、成熟的知识，要创新是很难的。其实不然，教师的创新往往不在于知识本身，而恰恰在于对知识的个性化表达。知识的个性化表达所表现出来的东西全是教师的个人“气场”，找不出第二个拷贝；这种“气场”即便放在同一个教师身上，在不同时间和地点也不相同。个性化表达没有现成的版本可以照搬，每一次表达都是教师个人的鲜活表现，“好与不好”全在自身。“好”就是实实在在的创新，“不好”就可能砸自己的牌子。在实际教学中也的确如此，当教师在讲授某一课程的某一章节时，个性化表达是根本找不到任何答案的，而是完全凭教师个人发挥和临场应变的。

要在课堂教学中真正做好个性化表达并非易事，这是对教师素质的全面要求，绝非一日之功。然而我们应该认识到，这正是学校教育品牌的可造之处和内涵建设的可凝之点。个性化表达不仅能表现出教师个人风采，使不同风格在教学中得到展示，而且组合在一起可以形成学校教育的整体形象和生动格局，是教师个人和学校都应该追寻的共同目标。个性化表达是教师对改进教学方法、改善教学效果和提高教学水平所做的深度体验和个人努力，在教学实施中是很值得尊重和鼓励的，在教学管理和研究方面也是很值得关注的。有实力的高校应该有高水平的课堂教学，高水平的课堂教学应该有教师的个性化表达，未来能勇于创新的现代化人才更需要教师的个性化表达。

以上是本人关于内涵建设的一些零星观点，可谓是一孔之见，也可能是坐井观天，不一定成熟，也不一定正确，欢迎批评指点。

【参考文献】

1. 上海市教育委员会《上海高等教育内涵建设“085 工程”实施方案》，沪教委科〔2009〕2 号。

2. 上海市教育委员会《加强分类指导　立足人才培养　持续推进上海高等教育内涵建设》，http://www.moe.edu.cn/publicfiles/business/htmlfiles/moe/s6338/201203/132822.html，2012 年 3 月 21 日。

3.《上海金融学院内涵建设“085 工程”项目管理办法（试行）》，沪金院发〔2009〕1 号。

国外著名高校财经类开放式课程研究及对我国高校课程的启示[①]

张　周　郑　琼　吕立伟

2001年，当世界上很多大学都开始意识到远程教育的商业价值的时候，麻省理工学院的时任校长查尔斯·韦斯特却选择将学校最核心的教学资料——包括教学大纲、授课笔记、作业和考试题——分批放到互联网上供全世界免费享用。这一惊人之举带动了全球的开放式课程(Open Course，又称公开课)运动，其影响也波及了大洋彼岸的中国。

2010年左右，国外著名高校开放课程借由国内网络字幕组的翻译和传播进入中国，在互联网上蓬勃发展，成为许多国内年轻人一种新的学习方式。其中，经济类和管理类课程的点击量居高不下，课程的评分也很高。国外开放课程为何在国内受到如此热烈的追捧？开放课程运动的影响为何如此深远？本文通过搜集互联网上的国外著名高校开放式课程视频，并以经管类课程为主要对象进行研究，将其与中国高校教育经管类课程进行对比，从中获得对高校教育改革与创新的启发。

一、国外著名高校开放课程发展

著名高校网络公开课起源于麻省理工学院(MIT)的Open Course Ware(OCW)项目。OCW是一个大规模的电子出版计划，由WFH基金(William and Flora Hewlett Foundation)和AWM基金(Andrew W.Mellon Foundation)以及麻省理工学院共同出资建立。OCW的目标是"对全世界的教育家、学生和自学者提供免费、可搜寻的麻省理工学院教材；以及扩大麻省理工学院'开放式课程网页'与'开放式课程'概念的范围和影响层面"。MIT希望通过这样的途径建立一个高效的、基于标准的在线学习典范，并希望有着共同兴趣的院校为他们提供经验和帮助，公开发布并共享各自的课程教材。这样的使命决定了MIT的开放课程是一项基于网络的免费课程发布项目而不是远程教育项目，不授予学位和证书、不承诺提供在线课程的教师指导、不保证网上材料能反映完整的课程内容。从2001年OCW项目正式启动至2010年，OCW的网站上已经有了MIT的2 000门课，官方网站访问总量已经超过1亿人次。这些开放课程还先后被不同国家和地区的非营

① 本文发表于2012年12月《财会月刊》。

利机构翻译成西班牙语、葡萄牙语、日语、法语等多国语言供本国人民学习（中文内容也不断由志愿者翻译完成），来自这些网站的月平均访问量也超过了50万人次。

正如麻省理工学院开放课程教师咨询委员会所言："麻省理工学院开放课程计划的10年是世界获益的10年。"MIT的OCW项目推动了开放教育资源（Open Educational Resource，ORE）的建设，即通过互联网免费、公开提供给教育者、学生和自学者可反复使用于教学、学习和研究的高质量数字化材料。2005年，国际开放课件联盟（Open Course Ware Consortium，OCWC）成立，成为世界上统一的开放教育组织。赖斯大学的Connexions项目、英国开放大学的OpenLearn项目、加州大学的Scholar's Box项目等都是OER建设的成功典范。中国的步伐紧随其后，2003年，中国开放教育资源协会（CORE）加入OCWC，2011年1月，网易正式加入国际开放课件联盟，成为OCWC在中国唯一的企业联盟成员。

10年间，开放课程已经从麻省理工学院迅速蔓延至全世界，也成功地树立并传播了"公开、共享、参与、合作、发展"以达到"开启知识、赋能心智"的理念。

二、国外著名高校经管类开放课程概况与特点

由于语言文化的隔阂，直到2010年，在"人人字幕组"志愿者翻译团队的努力下，著名高校网络公开课才被大规模引进大陆，之前都是零星地出现在互联网上。随后，国内最大的门户网站之一网易也加入了开放课程的行列，推出"全球著名高校视频公开课项目"，付费组织人员翻译这些课程。目前，在大陆最大的分享网站www.verycd.com上有223门国外开放课程，大约有上千集，内容涵盖了文学、艺术、哲学、历史、经济、社会、伦理、心理、管理、计算机、数学、物理、化学、生物、医学、环境等将近20个大类。其中最受欢迎和评分最高的是经济管理类课程。笔者整理了所有经管类课程，具体如表1所示。

表1　　最受欢迎的经管类课程

学　校	课　程
耶鲁大学	金融理论/博弈论/金融市场
斯坦福大学	经济学/金融危机/商业领袖和企业家（Business Leaders and Entrepreneur）/创业思想领袖研讨会（Entrepreneurial Thought Leaders Seminar）
法国巴黎高等商学院	会计和管理控制的常见问题解答 领导愿景（Visions of Leadership Week 2010） 金融和统计学研讨（HEC Finance and Statistics Conference） 直观的智慧（Intuitive Intelligence）
宾夕法尼亚州立大学	华尔街训练营（Wall Street Boot camp）
宾夕法尼亚大学	沃顿知识在线（Knowledge @ Wharton）
英国开放大学	银行危机：原因和影响（The Banking Crisis：Causes and Effect）

续表

学　校	课　程
西南大学	投资学导论(Introduction to Investment)
芝加哥大学	理解全球经济(Understanding the Global Economy)
乔治·华盛顿大学	联邦储备委员会和金融危机(The Federal Reserve and the Financial Crisis)
哥伦比亚大学	房地产金融(Real Estate Finance)
麻省理工学院	供应链管理专题(Special Topics in Supply chain Management) 企业和领导(Business & Leadership)
普林斯顿大学	技术世界的领导力(Leadership in a Technological World) Mark Zuckerberg on Development of Facebook Profiles in Leadership
东田纳西大学	市场营销原理

资料来源:www.verycd.com。

从各个学校经管类网络开放课程的教学内容和教学方式来看,具有以下特征:

(一)教学内容体现各个学校的优势和特色

由于美国商学院众多,每个商学院都有自己的特色,比如哈佛商学院以案例教学闻名,是全球最受欢迎的商学院;斯坦福大学商学院以综合管理见长,所培养的是具有创新精神的"小企业家";麻省理工商学院的优势在于技术管理;而沃顿商学院几乎在任何一个商业领域都非常强。因此,学校会更倾向于将自己最具特色的课程作为开放课在网络分享。除了教学,许多学校还有自己专属的期刊,如《哈佛商业评论》和《沃顿知识在线》,将商学院的卓越研究成果和对商业社会的深刻洞察传达给全世界,成为非常好的补充阅读材料。值得注意的是,网络评分较高的沃顿商学院课程"沃顿的学问"可算是极具代表性的商业分析课程,该课程请到各个领域的专家学者对于金融危机带来的影响从不同行业、不同国家和不同社会层面进行深刻剖析,也让学习者见识到沃顿商学院的实力所在。其实质是一门"讲座式"课程,课程由一系列讲座构成,每次讲座有不同的老师,事实上老师来自各个领域的专家。这种新颖的教学模式是一种课堂创新。

(二)课程内容与现实经济情况紧密结合,时效性较强

在所有的经管类开放课中,有四五门课都是关于金融危机的。英国公开大学的"银行业危机——缘起于后果"以纪录片的形式讲述历史,以史为鉴;斯坦福大学的开放课"金融危机"请来卡内基伦理与国际事务委员会讲解经济理论的发展及其对经济的历史影响,尤其对美国经济体系做了详细的阐述;乔治·华盛顿大学的"美联储与金融危机"课程邀请美联储主席伯南克介绍美联储和金融危机根源。这些课程的主题虽然相同,但是时效性强,切入点不同,信息来自最前沿,可以让学习者对于当前经济形势有更透彻的了解,学习效果自然得到提升。

（三）课程实践性强，注重职业发展

国外商学院的课程不仅教授专业理论知识，更注重培养学生未来进入职场后需要的各种能力，学生得以顺利完成从毕业生到职场专业人士的角色转换。斯坦福大学、麻省理工学院和普林斯顿大学均开设了关于商业领导能力的课程，以讲座或论坛的形式邀请知名企业高管与学生分享自己职业发展中的经验和体会，探讨个人领导能力、企业管理方式、人与公司的关系等一系列话题。宾夕法尼亚州立大学的“华尔街训练营”课程可以说是未来华尔街银行家的入职培训。同时，在崇尚企业精神与创新的国度，培养具有创业精神的学生一直是商学院的使命，斯坦福大学设立的企业思想领袖论坛就很好地体现了这一理念。

（四）名人效应

请名人到学校演讲不仅受到学生欢迎，也提升了学校的知名度，可谓一举两得。斯坦福大学开放课中，苹果（Apple）创始人史蒂夫·乔布斯（Steve Jobs）和脸书（Facebook）首席执行官马克·扎克伯格（Mark Zuckerberg）的演讲在网络上的点击率一直居高不下。许多年轻人将这些天资聪慧又具有探险精神的商业领袖视为偶像，不仅为其所拥有的事业和财富，更被他们心中所坚持的信念所折服。名人效应的影响也通过网络传播至全世界。

（五）跨学科开放课

经济管理从来不是一门单独的学科，全球经济的发展和历史学、地理学、社会学、信息技术等学科息息相关。芝加哥大学的开放课程“理解全球经济”从劳工问题、环境保护、全球化、贫困问题、自然资源配置等话题讲解全球经济，让学习者看到经济全球化的正面和负面影响，更从社会层面和政治体制层面了解经济全球化所带来的机遇和挑战。这些跨学科课程提供给学生的不仅是知识，更是看待问题多角度的思维方式。

三、国外开放课程对于中国高校教育的启示

在网络技术发展日新月异的今天，国外开放课程对国内教育界带来巨大冲击，它让国内的学生、教师和自学者能够跨越地理距离与著名高校学生共享优质的教育资源，也提供给国内的教师和学者们一个了解国外高校教育的平台。借此，国外开放课程的授课方式和管理模式也给了国内的高校教育很多启发，从而促进国内高校教育的改革与创新。

（一）教学方式多样化，由讲授式教学转变为启发式教学

同样是一小时的课程，同样是教授主讲，国外的高校课堂教育形式更多样、更注重启发式教学。比如教授引导学生开展课程实验，如耶鲁大学约翰·吉纳考普劳斯（John Geanakoplos）教授的“金融理论”课程中采用了学生模拟交易，使价格达到均衡的经济学实验。又如，耶鲁大学的“博弈论”课程中，教授本·波拉克（Ben Polak）用约会时选择电影的游戏解释纳什均衡。学生喜闻乐见，印象深刻。没有

标准答案，教授更鼓励学生发表自己的观点；没有硬件使用限制，教授可以和学生一起使用计算机完成会计报表数据分析、债券定价或进行模拟交易练习。甚至有一些讨论课程，形式为教授不断提问，由学生在自主预习后回答，对于学生的学习和教授的功底都是很好的考验。这样的教学方式可以加强学生从掌握理论到应用实践的各方面能力的培养。由讲授式教学转变为启发式教学，学生的学习兴趣被激发，将被动接受知识转为主动学习知识。

（二）以教授为主的课程设计思路

国外开放课以教授为主的课程设计比国内的高校课程设计更加灵活自由。在开放课中，我们可以看到20多节课的“金融理论”由一个教授完成一学期的授课，也可以看到只有短短7节课的“银行业危机——缘起与后果”却请到多位教授共同授课。此外，演讲、研讨会和论坛更是数不胜数。这反映出，与国内较为严格的课程设置办法相比，国外教授对于课程设置的自主性很大，从而有更大的空间将学科特色与教师个人特色相结合，有时一些枯燥的课程正是因为教授本身的个人魅力而颇受欢迎，学生因此更加乐于学习，形成良性循环。

（三）教学内容与时俱进，跨越学科，走出封闭式知识循环，教学相长

在国内高校，一些教师每年教授同样的课程，教案的内容更新量并不大，同时教师过于专注自己研究的领域，容易走入封闭式知识循环。相比之下，国外高校经管类课程教育内容的更新速度更快，对于教师的能力要求更高。以国外高校经管类开放课程中最具特色的案例式教学为例，教授利用Bloomberg、Thompson等数据库，根据金融市场进行各种案例设计并布置学生分组完成商业分析。比如，在“金融理论”课程中，教授用3A评级债券和3B评级债券的指数计算平均价格，并对抵押市场走势进行分析，结合当时的股票指数和房价指数，用数据揭示杠杆周期的现象并以2009年次贷危机为案例进行分析。这样的案例教学需要教师掌握经济、金融、政治、文化和计算机等多门学科的知识，还要关注时政，了解当前经济动态，对于授课老师的要求很高。如果案例教学在国内的高校课堂中推广，原先封闭的知识体系被打破，相信学生和教师都能在这样的课堂模式中相互促进，共同发展。

（四）教育理念以人为本

德国哲学家雅斯贝尔斯曾说：“教育是人的灵魂的教育，而非理智知识和认识的堆积。”然而，国内高校教育似乎并没有将“以人为本”的理念贯彻到底，学生为了积累学分修一些所谓的人文通识课程，但并未从这些课程中领悟关于人文教育的真正含义，而专业课程强调理论知识学习的模式更容易让知识脱离实际。从经管类学科来看，很多问题研究到最后都会触及社会或道德伦理上的矛盾，而如何面对这些矛盾做出抉择才是真正值得探讨的课题。在国外开放课的课堂里，时常能看教授引导学生做基于社会现实问题的商业理论和道德伦理冲突的讨论，比如，耶鲁大学教授罗伯特·希勒（Robert J.Shiller）在“金融市场”课程中提到某些“社会规

范”造成人们创造相同社会价值却得到不同的金钱回报的问题。在“博弈论”课程中，教授本·波拉克探讨过在没有合约约束下商务关系中的互相信赖和互相欺骗问题。在理论和实际结合的基础上，真正从“人”的角度思考问题，这是国内高校教育缺乏的重要因素。

（五）教育资源开放、共享与提高

世界著名高校网络开放课程带来的不仅是知识，更是一种全新的理念，即开放、传播、更新和发展。在实践中，需要多方面支持。例如，在 MIT 的 OCW 背后，有一套完善的管理体系，不仅有微软在技术上的支撑，还有完整的课程评价方案，包括评价目的、评价逻辑模型、评价方法、评价报告等。此外，国外对于网络传播课程的法律法规也比较完善，有利于版权和经济利益的保护。因此，OCW 能够向世界表达“开放”的真正含义：MIT 以此创建全球交流的平台，通过国际交流获得更多新思想和新内容，同时，通过 OCW 打造全球化教学社区，从国际化的资源库中获得知识创新的智慧和力量，达到“双赢”的效果。

相比之下，国内高校虽然也都建设了网络教学系统和资源库，但是各个学校仅根据各自的短期需求，独立开发自己的远程教育系统，导致课程相互独立、各自封闭，不能满足当前教育的知识综合性和学科渗透性的需要，也缺少一个技术支持平台进行专业统一管理。虽然国内也有大学精品课程建设，但是行政体系主导性强，课程开发采用“建设—评审—资助”的模式，评审周期长，评价体系也不够公开，导致效率低下，内部评价制度也无法顾及学生等使用者的声音，想要对这些资源进行利用仍有待时日。国内对于开放课程的版权保护也没有及时出台相关法律规范，缺乏分享平台，这些都是我国的开放课建设需要积极探索和改进的地方。

美国教育家福布斯曾说：“教育的目的是用一个开放的头脑去取代一个空虚的灵魂。”①当世界正在逐步成为一个共同时，优质教育资源的开放与共享成为趋势，也从本身反映了教育的目的。国外高校的网络开放课程已经在实践这一理念，国内高校可以此为契机借鉴国外的先进经验，取长补短，不仅提高教育质量，更以开放的姿态分享教育成果，从而有助于促进教育国际化的发展，把开放的教育理念在中国转变为现实。

【参考文献】

1. Giving Knowledge for Free ：the Emergence of Open Educational Resources，http：//www.oecd.org/document/41/0，3343，en_2649_35845581_38659497_1_1_1_1，00.html.

2. Gary W. Matkin. The Open Educational Resources Movement：Current Status and Prospects，http：//unex.uci.edu/pdfs/dean/matkin_apru_paper.pdf.

3. A Review of the Open Educational Resources（OER）Movement：Achievements，Challen-

① Education's purpose is to replace an empty mind with an open one. Malcolm Forbes，in *Forbes Magazine*（US art collector，author，& publisher，1919—1990）.

ges, and New Opportunities, www.hewlett.org/uploads/files/ReviewoftheOERMovement.pdf.

4. MIT OCW 官方网站：http://ocw.mit.edu/index.htm.

5. 焦建利，贾义敏. 国际开放教育资源典型案例：一个研究计划[J]. 现代教育技术，2011，(1).

6. 王立. 麻省理工学院开放课程计划十年回顾[J]. 高教发展与评估，2012，(7).

运用时间管理，做好高校院系办公室秘书工作[①]

孙　俊　陈京苗　朱　芹　冯可欣

一、高校院系办公室工作的特点

高校院系办公室秘书作为高校管理中的基层人员，往往人数不多，却承担着较多较重而琐碎的行政与管理工作，如教学、财务、科研、文书、安全保卫等工作，每天还要处理大量诸如统计数据、整理文档、撰写材料、接听咨询电话、接待来访人员等工作。而在实际工作中，高校办公室秘书还面临许多突发事件的处理与执行，如教学评估、学位申报、接待、信访与处理等繁重的工作。这些工作类型繁多，缺乏关联性、连续性。高校办公室这种工作性质导致办公室工作人经常加班，精神与身体长期超负荷运转；而同时高校以教学为中心的主导思想又决定了办公室人员只能作为教辅人员，在高校的地位只能处于服务的性质，工资待遇相对较低、劳动强度大、工作时间长，从而较严重地影响了他们的生活质量和幸福感，甚至影响了他们对工作的认可。

另一方面，办公室工作人员常常情不自禁掉入"时间陷阱"，如坐在办公桌前做白日梦、发呆、跟同事闲聊等这些浪费时间、毫无效率的活动。而有时办公室人员因为工作压力大，注意力总是被周围的杂志、电脑和不相干的报纸给分散了，有时一些突发事件需要办公室人员去处理，所以工作往往拖拖拉拉到最后才完成，从而严重影响了工作效率，浪费了大量宝贵的时间。

时间是一种珍贵的无形资源：我们无法购买、讨要、借用、偷窃、储存和延长；相反，它容易消逝，不可替代。无论我们是渺小还是伟大，贫穷还是富有，我们每天只有 24 个小时，每周只有 168 个小时。

二、时间管理的必要性

一切的管理如要实现，都需要时间管理，现代时间管理学也应运而生。"现代管理学之父"德鲁克就曾说过"不能管理时间，便什么也不能管理"。高校办公室工作人员作为高校基层服务人员，要从繁忙的工作中解放出来，杜绝陷入"时间陷阱"，为了提高工作效率和管理效能，就应该学会科学的原则和策略，对自己进行管

---

① 本文发表于 2012 年 11 月《中国市场》。

理，对自身时间进行有效的管理，合理、科学地利用时间，成为时间的主人。

高校院系秘书承担的工作任务繁杂琐碎，如果不能对时间进行有效管理，往往就会造成疲于奔命、大事抓不了、小事抓不到的浪费时间的现象，从而造成工作效率低下等问题的广泛存在。

造成办公室时间浪费的原因是多方面的，从客观上说，可能因为工作确实繁杂琐碎，但从主观上来说可能在于管理者缺乏明确的目标，没有科学区分时间的轻重缓急，没有对工作任务进行优先排序，根本原因则在于没有学会使用时间管理工具对自己的日常工作进行有效的管理，从而浪费大量的时间而效果却甚微。

为了避免时间浪费、提高高校院系办公人员的工作效率，就必须要对自身的时间进行管理。

管理大师德鲁克就认为，要成为有效管理者就是从有效利用时间开始的。“据我观察，有效的管理者不是从他们的任务开始，而是从掌握时间开始的。”德鲁克还提出管理时间的三个步骤：记录时间、安排时间和集中时间，是管理者有效性的基础。

三、高校院系办公室人员工作时间管理的方法

只有掌握了自己的时间，才能掌握自己的未来。时间管理是管理者落实工作目标、提高工作效率的重要方法和手段，也是自我管理的重要组成部分。高校办公室工作人员面对大量烦琐的常规工作和非常规工作，要迅速、高质量地完成，就必须学习时间管理理论、运用时间管理，从而对工作时间进行有效的控制、安排和计划。

（一）记录时间、了解自己时间的应用

管理好时间的第一步首先应该是了解自己日常时间的运用和分布情况，从中发现问题，找到自己的优缺点，然后发扬优点、改正缺点，制订出适合自己的时间安排策略。因此，我们应该详细记录每天的时间使用情况，每天向院系领导汇报工作花了多少时间，每天办文花了多少时间，财务报销花了多少时间……从而明了自己每天时间的使用情况和分布特点，查明自己花费时间在重要事情和一般事情上的比重，找出浪费时间的根源，坚定做好时间管理的想法。

（二）拒绝拖延是赢得时间管理的法宝

我们经常深陷拖沓或者做事不分轻重缓急的习惯。拖沓是一种很普遍的浪费时间的行为。在高校办公室工作人员中，有些人在一天工作开始时满腔热情，给自己一天的工作定下了远大的目标，决心从早上八点时开始努力工作，一天完成很多任务。但是，身边太多的事情使他们找到了各种各样拖延工作的借口，结果可想而知，一天下来一事无成，不仅使得个人毫无成就感，而且可能会影响后续工作的开展，甚至对院系常规工作的正常运行造成负面影响和不可挽回的损失。正如人们所说的“坏习惯就是躺在温床上，上去容易，下来难”。这样看来，为了制定有效的

时间管理办法，我们很重要的一步就是拒绝拖延，找出自己的弱点，找出干扰自己的外界因素，把它们记录下来并时刻提醒自己。

（三）明确自己的目标，制定时间安排表

有人说，计划不如变化，虽然高校院系办公室工作人员不是学校的决策者，工作性质相对比较被动，但是如果我们没有明确的目标和计划，那么时间更是无法管理。因为时间管理的目的，就是让我们在更短的时间内达成更多的目标，否则我们只能被动地应付工作，让自己成为工作的“奴隶”。确定目标、制订有效的计划，我们就可以掌握工作的主动性，有效开展工作，从而提高工作的效率。不过，在安排计划时要保证计划有操作性、切实可行，否则难度系数不适合等都会对工作的开展和效率产生负面影响。

作为院系办公室秘书，要根据学校学院年度和学期工作计划，根据自己的岗位需求和工作性质，确定好自身的工作范围，全面罗列自身岗位每年必须完成的最可能进行的工作，而有些常规工作更是便于安排。再将自己的工作细化到学期、月、周、日，合理安排和分解任务，层层细化，从而制订详细的工作计划安排。因为复杂的工作都是由简单的工作组成，如能很好地做到任务分解，显而易见将节省大量的时间。这里可以参考目前比较流行的“番茄工作法”，或者采用管理学者艾伦称作“瑞士奶酪”的技巧，将其分解为若干小块，先易后难，从简单的地方突破，每次做一点，最后积少成多，这必然能取得较好的工作效果。

（四）帕累托法则的运用

帕累托法则是以意大利经济学家帕累托命名的，该法则称 80%的工作可以用 20%的努力完成，剩下 20%的工作才是最占用我们时间和精力的部分。因此，对于这最重要的部分我们要投入更多的时间、精力和资源。我们日常工作中哪些是重要的少数，需要对我们手头的工作进行必要的排序，确定优先次序。

（五）对工作进行合理的排序

要想不成为时间的“奴隶”，我们有必要对工作进行排序，但是我们不能先做喜欢的、熟悉的、容易做的事情，我们应该把重要的事情放在第一位。至于紧急的事情，则要根据具体情况决定。首先，需要界定好自己的工作范围，很多人整天忙得团团转，实际上处理的不是自己的工作而是别人的工作，正因为无原则地接受工作，所以每个人都认为可以将工作交给他做。为了区别重要的和不重要的事情，我们可以把工作进行区分：重要/不重要和紧急/不紧急，以此来划分四种不同的工作任务。

根据工作任务，确定优先次序。根据时间管理理论的 ABCD 法则，将各种任务分类：A 类，重要又紧急的任务，如对于教学秘书而言，教学工作才是最重要的。这部分工作非常重要而又紧急，所以需要快速完成，但匆忙完成该任务会引发严重的负面效果。所以，这些有价值的问题要早安排、早筹划，花更多的精力与时间在当天将它们完成。B 类，重要但不紧急的任务。譬如，秘书自己的学习培训、专业成长等。尽管这些工作很重要，却可以暂时忽略，因为任务并不紧急。这些工作，可以推后几天处理。但是若只是盯着眼前事，这些任务就会不断被推迟从而变成A类，给自己的工作带来被动。C类，不重要但紧急的工作，如接待不速之客、处理文件、接听电话、出席某些必要而不重要的会议。这些工作虽然不重要，但是因为紧急，我们常常将过多的注意力放在这些短暂的工作上，因而这些工作常常成为我们浪费时间的"元凶"。人们总是在紧急的情况下做出让步，从而让紧急的事情阻碍了重要事情的进行。D类，既不重要也不紧急的任务，因为这样的性质，这些任务常常被忽视甚至遗忘，但是拖延和时间的推移会让这些事情变得紧急，而紧急情况下，人容易做出错误的决定。

（六）学会运用办公室中节省时间的小窍门

在日常的办公室工作中，总能找到一些节省时间的小窍门，掌握这些窍门可以使我们更高效地开展工作，提高办事效率。

(1)集中一天中前两个小时的"黄金时间"处理手头的工作，并且办事时尽量做到不接电话、不开会、不接待、不受干扰，这样可以事倍功半。

(2)立刻回复重要的邮件，将不重要的删除。

(3)列一份每天的任务清单和近期工作安排，将重要的事情和约定记载在日志内，按照计划行事。

(4)把琐碎的工作写在记录本上，以便利用零碎的时间来做。

(5)学会高效利用零碎时间，譬如等车时间、排队时间、会前时间可以用来写点东西或构思一个文件，不要发呆或做白日梦。

(6)巧妙并勇于回避干扰。高校院系办公室作为院系工作的"窗口"，承担着接电话和接待的任务，但有时来客会喋喋不休地讲话，这时应该礼貌而果断地结束谈话。

(7)前一天下班前列出第二天的工作清单，以便第二天清早就能很快地投入工作。

(8)精简文件。高校办公室承担着公文收发、传达、存档和写作等诸多任务，从而导致大量文件的产生，如果文件不能及时、合理地整理、分类、归档，就会使文件变得杂乱，使自己的日常工作变得被动。

(9)整理好办公桌，保持整洁。办公室井然有序，在一个干净、有序的环境中，大多数人能够提高工作效率。如果平时疏于或拙于整理办公室，则会使办公室杂乱无章。桌子上堆满大量文件并不意味着你工作勤奋，纷繁芜杂的文档与琐事只会继续分散我们的注意力，还可能会浪费大量时间寻找所需文件或用品，不仅浪费时间，造成效率低下，甚至影响心情、降低效率。

（七）适当增加休闲时间，平衡生活与工作

如果我们在工作上感到压力，抽出一些时间休息一下或者做一些自己感兴趣的事情。没有平衡就意味着没有希望，参加一些户外运动，释放忧郁、烦恼，平衡一下我们的精神状态，正是通过有效的时间安排与掌控，我们才可以游刃有余地支配时间，不断提高自己的能力。

四、结语

一个人越是善于利用时间，就越能发挥能力，工作起来就越能游刃有余。大文豪莎士比亚就曾经说过"放弃时间的人，时间也放弃了他"。所以，高校院系基层办公人员有必要想办法掌控、管理自己的时间，从而提高工作效率和对工作的满意度，而不是让自己沦为时间的"奴隶"。

【参考文献】

1.（美）彼得·德鲁克.有效的管理者[M].北京：求实出版社，1985.
2.（英）弗兰西斯·肯.如何掌控你的时间[M].黑龙江：黑龙江科学技术出版社，2009.
3.（英）林登·琼斯.A+时间管理法[M].北京：金城出版社，2010.
4.（德）约尔格·克诺伯劳等.第五代时间管理[M].江西：江西人民出版社，2008.
5.（美）彼得·德鲁克.管理的实践[M].北京：机械工业出版社，2009.
6. 张鹤.别把时间给了浪费[M].北京：经济管理出版社，2004.
7.（美）沃尔特·斯科特.效率提高工作绩效的 12 种途径[M].北京：中国发展出版社，2004.
8. 陈琦敏.论高校院系办公室主任的时间管理[J].绥化学院院报，2010，(12).
9. 赵佳.浅谈高校基层行政人员工作时间管理[J].管理观察，2009，(1).
10. 季风，朱明明.论时间在教学管理工作中的应用[J].江苏科技大学学报，2006，(9).

利用第二课堂培养高素质应用型会计人才的实践与探索[①]

赵阳子　卢挚飞

随着中国高等教育改革的深化，会计教学中“重理论、轻实践”的思想已有重大转变，会计实践教学在会计教学领域中的地位越来越重要，对会计人才的第二课堂和实际操作技能要求也越来越高。笔者所在的上海金融学院会计学院高举培养高素质应用型金融会计人才教育大旗，大胆创新启动了第二课堂高素质、应用型金融会计人才培养项目。该项目以提高受教育者诸方面素质为目标，通过第二课堂的开展，为大学生发展特长、施展才华、锻炼能力提供平台，强调理论联系实际、学以致用，让学生在亲身实践过程中，锻炼能力，体验生活与社会，领悟人生道理，掌握第一课堂以外的知识，从而使受教育者获得更全面的发展。

在这面大旗的指引下，上海金融学院会计学院领导充分重视，学工、团学组织等职能部门积极配合，呈现全院支持校园文化的组织体制和工作机制。通过开展丰富多彩的第二课堂活动，使学生广泛地参与专业训练和社会活动，在专业技能、人际关系、工作环境、社会心理等方面得到训练和适应，他们在第一课堂所学的知识得到了检验、巩固和深化，在获得锻炼和体验的同时，了解了社会对人才素质的要求，不断更新自身的知识与技能结构，以适应当前社会竞争的形势和就业的需要，顺利地完成了从学校人到社会人的转变。为此，笔者以所在学院第二课堂的实践为主要个案，结合个人参与设计第二课堂的实际经验，进行了一定的总结、思考和探索，通过借鉴和吸收经验方法，为高校完善第二课堂课程体系、发展职业教育抛砖引玉。

一、高校开设第二课堂课程的实践个案及意义

我院开设的第二课堂课程由党总支作为实施统揽，学工、团委和辅导员担任主要设计和指导人员，以专业技能拓展和第二课堂培养为主要内容，组织学生参与其中，以此作为以纯理论教育为主的专业课和选修课的补充，在高素质应用型金融会计人才培养的常化、深化方面取得了阶段性成果。

根据职业教育的特点，我院将学生的第二课堂划分为身心健康俱乐部、职业素质训练营等几大模块，每个模块又分别列出对学生所要培养的能力重点，据此将各

---

① 本文发表于 2012 年 12 月《湖北第二师范学院学报》。

种第二课堂活动归入其中，由院学工和团委等部门进行指导和管理。例如，身心健康俱乐部的活动主要由院学工系统的心理指导老师和团委下设的体育部、文艺部分别负责开展；学科模块活动主要由团委下设的学科部来设置和实施等。开展的活动则丰富多彩，例如在学生科创方面，指导和组织学生参加课外学术科技课题申报、学校创业计划大赛、上汽教育杯上海市高校学生科技创新作品展示等大型竞赛；申报年度"会计学子论坛""点钞大赛"等各项竞赛平台，联系并提供专业教师指导；开展辩论赛决赛，开办 CPA 专业证书考试讲座、举办简历制作大赛等。此外，我院第二课堂还设立了重点项目，如 ERP 沙盘模拟大赛、校园财会知识大赛等，作为专业技能活动，以实际动手操作为学生专业理论进行了良好的补充。

在开展第二课堂活动时，我们始终遵循自愿性、广泛性、灵活性、创造性等特点，坚持以学生为本，重视学生群体的主导意识，切合学生的需求，充分发挥学生的聪明才智，让缤纷多彩的活动竞相开展。学院因地制宜、因材施教，注意追踪大学生思想状况和社会生活的热点，使活动真正满足自我发展、自我完善、自我教育的需要，真正符合全面育人的教育目标。在设计第二课堂活动时，重视学生在人际交往、能力锻炼、社会实践、学术科研上的实际，又强调学生发展个性、慰藉感情、闲暇愉悦、人文关怀，形成自发参与、重点突出、特色鲜明的活动氛围。根据学生在年龄、专业、兴趣爱好、知识结构上的特点，以认识、普及、参与、提高为主线，不断创新第二课堂的内容和形式。

二、对高校开设第二课堂的思考和探索

第二课堂是培养高素质应用型人才的重要力量。对大力提倡职业教育和第二课堂的高校而言，只有把握职业教育的内涵，进行第二课堂模式的不断创新和完善，才能办出自己的特色和水平。目前，我院刚形成以学院专业课程为核心和平台，辅以各种类型专业活动开展的第二课堂体系的雏形，并初步取得了成效，我们更应该以此为契机，通过教育实践进行总结，由实践的经验上升为理论，再实践、再总结，才能使得这个体系不断地丰富、不断地良性循环下去。为此，笔者在实践和个案研究的基础上，对高校第二课堂创新模式进行了一定的思考，并认为可以从第二课堂评价体系、设置体系、开展模式、指导理念四个方面优化入手，进一步完善第二课堂的开设。

（一）多方式检测人才培养水平，优化第二课堂评价体系

第二课堂开设的目的是为了提高学生的专业实践和综合素质，其实施效果需要通过一定的手段进行检测；同时为了使第二课堂的培养更加规范化，学生参加任何形式的第二课堂活动，有了任何的突出表现都应该被记录在案，因此笔者认为可以采用单项检测与综合记录的方式建立科学的第二课堂评价体系。

(1)以成果展示和学生实际操作水平作为单项检测的依据之一，优化第二课堂教育评价体系。教育工作的最终成效不是以教师教了什么，而是以学生学了什么、

对学生的素质产生了什么影响来衡量。由于第二课堂课程多沿用以往第一课堂采用的学分制,即要求学生每学期必须完成一定量的课程学习并获得相应学分,使得不少学生甚至教师不理解第二课堂与第一课堂有何区别。实际上,第二课堂区别于第一课堂的主要特征之一应该是变理论课为活动课、实践课,并能拿出一定实际成果或者证书,证明学生的某方面能力或者在第二课堂确实获得了提高。以我院为例,与中华会计网校联手举办校园财会知识大赛就是一种检验第二课堂教育水平的范例。通过组织和邀请各高校会计类专业学生在知识竞赛上一较高下,我们能以一种更活泼、生动、直观的方式看到学生的学习成果和教师的教学水平。这就是一种成果的展示,一种实际操作水平的检测,它是评价第二课堂开展成效的一种良好方式。

(2)将第二课堂与综合素质测评挂钩,对学生的第二课堂表现进行完整记录,从而整合和完善第二课堂教育人才评价体系。笔者认为,对于以学分制为主的高校,仅以学分的方式给予学生第二课堂评定不是最好的办法。原因之一是因为高校一般对第二课堂的学分分配少,且认定比较宽松,学生能够非常轻松地拿到学分,约束力不够;原因之二是学分制似乎又将第二课堂教育拉上了应试教育的轨道。因此,建议建立"学生的第二课堂测评表",与高校与综合素质拓展有关的认证资料合二为一,相互补充各自的侧重点,作为学生第二课堂评价体系的总载体。一方面客观记载大学生在校学习期间对提高自身第二课堂产生积极作用的重要经历及取得的主要成绩;另一方面对学生的第二课堂给予量化评价即分数评定,作为学生参与第二课堂活动的表现和成果证明。作为学生第二课堂表现的记录档案,这个整合后的载体将不仅是一本含金量高的证书,同时也将是学生评优、综合测评及就业推荐的重要参考。

(二)合理规划综合第二课堂步骤,优化课程设置体系

第二课堂是从思想政治与道德素养、社会实践与志愿服务、科技学术与创新创业、文体艺术与身心发展、社团活动与社会工作、技能训练等多方面来提高学生的综合素质的,其方式、内容多种多样,因此,合理规划第二课堂的开设,针对学生特点完善第二课堂内容十分重要。对此笔者有两点想法:

(1)根据第二课堂的性质,将部分活动按照年级安排开设,并划分为限选和任选活动。例如,针对大一学生可以主要开设职业规划、人文素养类任选活动,重在培养学生思想政治、道德素养与身心发展、社团活动与社会工作等方面的综合素质,以保障学生身心健康,使学生懂得合理规划大学生活和构想未来职业,为进一步加强职业教育打好基础;文体艺术类的第二课堂因本身需要一定基础和长效性,因此可以开设为限选活动,针对大一年级招收固定学员长期学习。针对大二的学生则可以主要开设技能训练或科技学术与创新创业、社会实践与志愿服务方面的任选活动,以进一步完善学生在专业、实践方面素质的培养。按照年级开设课程、将课程合理设置为限选和任选,不仅能使学生的素质培养得到较好的规划和形成

连续性，而且能有效避免活动的重复开展，使教师资源得到更充分的利用，第二课堂教育的针对性也由此变得更强。

(2)内容设置方面要敢于创新，或者与学生的兴趣、生活紧密相关，或者与前沿时事相结合，或者针对学生的缺失点设置，并把纯理论教育转变为实践教育，否则就失去了开设素质拓展课的意义。国家图书馆馆长任继愈曾这样比喻大学生的培养现状："就跟蒸包子一样一屉一屉的，出来一个模样。"其反映出的问题是学生没有培养出自己的爱好和个性，所以人才难出。怎样去改变这个现状呢？这需要我们切实从"以人为本"的角度出发，提供更加个性化的第二课堂设置。目前笔者感到高校有两类第二课堂课程比较缺乏：一是能与学生具体实践相结合的思想品德类课程。高校开设的马克思主义、毛泽东思想等理论课程多从宏观上指导学生的"三观"建设，相对较为抽象，而与实际生活紧密结合、旨在提高道德修养的第二课堂则比较空缺。对此笔者的初步想法是，可以卡耐基《人性的弱点》《心灵鸡汤》之类的书籍为教材，在课程的讲解上多举实际事例，请学生畅谈感想和鼓励他们从身边做起，以达到培养学生良好思想品德、丰富学生的内心世界建设的目的。二是可以多开设一些与专业对口的实训课程，如我院目前已经开设的ERP、点钞、翻打传票、记账等课程，就是对财务管理专业课程的补充。以此为借鉴，很多特色专业都可以设置与专业紧密结合、以第二课堂形式定期开设的活动，这些活动将以学生实际动手操作为主要内容，补充专业理论的学习，锻炼学生的综合能力。

(三)明确第二课堂的教学目标，优化课堂教学模式

第二课堂在实践过程中，很容易误入"应试教育"的老路，给人"换汤不换药"的感觉。因此，明确第二课堂的目标、创新真正实用于第二课堂的活动模式是关键。

(1)应使学生明确第二课堂开设的意义及培养目标。美国当代著名心理学家和教育学家布卢姆认为："有效的教学，始于知道期望达到的目标。如果学生开始时就知道教师期望他们做什么，那么他们便能更好地组织学习。"有效的目标不仅规定了学习的方向，而且具有调控教学过程的功能。如果学生不能明确学习目标，就容易抱着完成学分任务的目的、以容易过关作为首选考虑因素来选课，纵使学院对课程的设置非常清晰和系统化，仍然无法体现第二课堂开展的意义。对此，学院可以在学生参加活动前先做导向，对每项活动着重培养哪方面的能力做详细的说明，使第二课堂课程的开设目标能有机渗透在每一个活动环节，融于学生认知结构之中。一旦学生明确了自己的学习目标，有目的地参与第二课堂，就不仅能增强自主学习的意识，而且能充分提高活动开展的效率。

(2)要优化第二课堂模式。学生是第二课堂的主人，第二课堂是学生的舞台。优化第二课堂要以学生为主、以指导学生自学为主，为学生能够生动、活泼、自主地参与活动创造条件。其手段包括拓宽活动方式、对学生进行活动指导等，让学生自主办活动、参与活动，打破传统的课堂教学中以教师、教材、课堂为主的学习气氛，提升学生的学习和参与兴趣，使学生感到经历学习过程比获得结论更重要，并以此

激发他们的兴趣，学会发现问题和解决问题，以探索的欲望获得创造的能力。

（四）转变第二课堂教育队伍的理念，保持第二课堂的高水准

所谓“要给人一碗水，先得自己有一桶水”。第二课堂指导教师要具备丰富的综合学识，自身要具备合理的教育思想，这是高校开设第二课堂课程的基础。这要求教师应首先完成自己从应试教育到第二课堂思想上的转变，在人才观、教育观等根本问题上树立第二课堂的新观念，才能真正引导学生去发现和培养自身能力。在这一过程中，笔者感到第二课堂工作者应树立以下理念，以保持第二课堂的高水准：

（1）既指导学生做事，又教学生如何做事；既传授学生知识，又教学生如何学习。光注重指使学生做事和学习上死记硬背，表现在具体的行为上就是片面地以“课题是什么就教什么”为教学指导思想，忽略了综合第二课堂的整体性。其结果就是学生只会做事，却不懂得思考和总结；只注重结果，而不注重经过。举例而言，很多学生会干部在有老师指挥举办活动时能圆满完成任务，表现出色，但是一旦脱离指导，独立举办活动，就会出现场面混乱或者活动质量不高的结果。这说明学生在学习过程中缺乏思考、提炼、总结和升华的能力，而这些都是身为第二课堂工作者在指导学生开展活动的过程中应该教会学生的，需要我们注重学生的学习过程，表扬他们表现出的哪怕是一丁点儿的优秀品质，不断鼓励学生将优点逐渐放大形成个人优势，使学生通过参与第二课堂，提升思维能力，发掘自己哪方面的素质有待提高或者自己更愿意提高哪方面的素质，通过对自己形成正确的认知，帮助学生培养主动提高自身综合素质的内在驱动力。

（2）创造一种适合学生的教育，而不是挑选适合教育的学生。学生参加第二课堂的目的各异，有的可能是因为兴趣和特长所在，有的可能是因为清楚自身存在缺陷才特意想要锻炼，还有的甚至是抱着试试看的心态漫无目的。身为指导教师应该能理解学生的不同想法，不能因为学生能力不够强就拒绝给予指导，而是应该在第二课堂中创造适合不同学生、不同目的的教育方式，将每名学生都牢牢地吸引进来。“园丁是用万紫千红来打扮世界的”，为每名学生提供提高他们综合素质的平等机会，才是第二课堂中应有的教育观。

冯骥才先生曾说：“文化似乎不直接关系国计民生，但却直接关系民族的性格、精神、意识、思想、言语和气质。抽掉文化这根神经，一个民族将成为植物人。”同理，我们可以这样说，抽掉综合素质这根“神经”，一所大学也将成为“植物人”，毫无生气。在以培养创新精神和实践能力为重点的第二课堂中，我院贯彻落实第二课堂的精神，积极实践创新的第二课堂方式，目前已取得了一定的成效，同时因为尚处于起步阶段，仍需要不断努力和积极探索，也值得我们所有的教育工作者集思广益。我们有理由相信，经过不断地实践、总结、思考，以我院为代表的高校，其第二课堂的开展将向更高层次发展，第二课堂课程体系本身也会变得更加完善、实效。让我们携手，为学院第二课堂教育贡献自己的聪明才智，培养出更多符合社会发展需求的高素质、应用型人才，在向第二课堂持续发展的道路上迈出坚实的一步。